山东社会科学院出版资助项目

山东省社会科学规划研究项目"山东半岛城市群工业资源环境压力空间测度、影响机制及减压路径研究"（22DJJJ23）

山东社会科学院博士项目"资源环境约束下山东省工业结构调整和空间布局优化研究"

工业发展的资源环境压力时空演化及影响机制

周笑 著

Spatial Differentiation

and Influential Mechanism

of Industrial Resource

and Environmental Pressures

中国社会科学出版社

图书在版编目（CIP）数据

工业发展的资源环境压力时空演化及影响机制/周笑著.
—北京：中国社会科学出版社，2023.7
ISBN 978-7-5227-2321-1

Ⅰ.①工…　Ⅱ.①周…　Ⅲ.①工业发展—自然资源—
环境承载力—研究—世界　Ⅳ.①F414

中国国家版本馆 CIP 数据核字（2023）第 139841 号

出 版 人	赵剑英
责任编辑	李庆红
责任校对	王佳玉
责任印制	王　超

出　　　版	中国社会科学出版社
社　　　址	北京鼓楼西大街甲 158 号
邮　　　编	100720
网　　　址	http://www.csspw.cn
发 行 部	010－84083685
门 市 部	010－84029450
经　　　销	新华书店及其他书店

印　　　刷	北京君升印刷有限公司
装　　　订	廊坊市广阳区广增装订厂
版　　　次	2023 年 7 月第 1 版
印　　　次	2023 年 7 月第 1 次印刷

开　　　本	710×1000　1/16
印　　　张	14.25
字　　　数	213 千字
定　　　价	78.00 元

凡购买中国社会科学出版社图书，如有质量问题请与本社营销中心联系调换
电话：010－84083683

前　　言

新中国成立 70 余年以来，工业快速发展有力推动了中国经济现代化，显著增强了综合国力，同时导致了资源短缺与耗竭，高负荷排放严重等一系列资源环境问题。工业发展与资源环境的对立统一成为发展与保护之间矛盾的焦点，工业发展的资源环境压力亟待缓解。因此，识别工业发展的资源环境压力时空演化特征，辨析其形成的作用机制对于推动中国工业绿色转型，实现新型工业化有重要意义。

本书从地理学的视角出发，对工业发展的资源环境压力时空演化特征及影响机制进行研究。遵循概念—规律—评价—空间演化—作用—机制—应用的研究思路，总结了国内外工业发展的资源环境压力研究进展；系统阐述了工业化进程中资源环境压力的理论基础，分析了规模经济、产业结构、工业集聚、技术创新、外商投资和环境规制等因素对工业发展的资源环境压力的作用机制，解析了工业发展的资源压力和环境压力所呈现的差异性演进规律；构建了工业发展的资源环境压力评价指标体系，从大区、城市群、城市空间维度，测度分析了中国工业发展的资源环境压力的时空演化特征；基于空间计量模型，辨析了影响中国工业发展的资源环境压力的主要影响因素及作用机制；以京津冀地区为研究案例，基于城市和工业行业尺度，对京津冀地区工业发展的资源环境压力和工业发展的资源环境效率的时空演化特征及影响因素进行了分析；最后提出了资源环境约束下，京津冀地区工业结构转型升级和空间布局优化的路径和对策。

目　　录

第一章 绪论

第一节 研究背景

一 高速工业化过程中，可持续发展面临严峻的资源环境危机

社会经济发展以自然资源利用为基础，同时不可避免地产生环境污染，工业文明大发展则加剧了资源枯竭和生态破坏的速度，使得人与自然的对立进一步凸显。20 世纪以来，城市工业大发展导致的资源短缺和环境污染问题尤为严重，全球因工业生产导致的环境灾难频繁发生（见表 1-1）。

迄今为止，西方发达国家都未能摆脱先污染后治理的工业化发展道路。中国经济经历了自 20 世纪 80 年代以来的高速增长、规模扩张、GDP 竞赛，受国际环境、国内形势以及经济发展规律影响，中国经济进入了从高速增长转为中高速增长、从要素驱动转向创新驱动和产业结构升级为基本特征的"新常态"。中国的经济增长归因于经济全球化"大稳定时期"快速推进的工业化进程。[1] 1978—2018 年，中国工业增加值由 1622 亿元增加至 305160.2 亿元，按不变价格计算，2018 年比 1978 年增长 56.4 倍，年均增长 10.7%。发达国家工业化一般经过由轻工业向重工业发展的工业化道路，与之不同的是，中国工业化经历了先重工业再轻工业再到重工业的发展历程。因此，中国工业发展的资源环境问题也在短期内快速爆发，呈现出结构性、叠加

---

[1] 金碚：《中国经济发展新常态研究》，《中国工业经济》2015 年第 1 期。

性、压缩性、复合性特点。以能源消耗和 SO_2 排放为例，中国终端能源消费量逐年增加，并于 2010 年超过美国，成为能源消费第一大国（图 1-1）。同时，中国 SO_2、CO_2、氮氧化物等主要污染物排放量也远远高于发达国家，2018 年，中国 SO_2 排放量为 516.1 万吨，分别是美国和日本的 2.1 倍和 7.4 倍；CO_2 排放量达到 10313.5 百万吨，分别是美国和日本的 2.1 倍和 9.3 倍；氮氧化物排放量为 1288.4 万吨，分别是美国和日本的 1.5 倍和 9.8 倍。[①] 中国资源环境现状可总结为：局部有所好转，总体尚未遏制，形势依然严峻，压力继续增大。

表 1-1　　　　　　　国内外因工业生产导致的环境污染事件

国际			国内		
发生时间	事件	发生地点	发生时间	事件	发生地点
1930 年 12 月初	马斯河谷烟雾事件	比利时马斯河谷工业区	2005 年 11 月	松花江水污染事件	吉林省吉林市
1948 年 10 月	多诺拉烟雾事件	美国宾夕法尼亚州多诺拉城	2006 年 2—3 月	白洋淀死鱼事件	河北省任丘市
1952 年	伦敦烟雾事件	英国伦敦市	2007 年 5 月	太湖水污染事件	江苏省无锡市
1953—1956 年	水俣病事件	日本熊本县水俣镇	2007 年 6 月	巢湖、滇池蓝藻暴发	安徽省巢湖市、云南省昆明市
1955—1979 年	骨痛病事件	日本富山县神通川流域	2008 年 9 月	阳宗海砷污染事件	云南省昆明市
1968 年 3 月	米糠油事件	日本北九州市、爱知县	2009 年 7 月	浏阳镉污染事件	湖南省浏阳市
1984 年 12 月	博帕尔事件	印度博帕尔市	2009 年 8 月	凤翔县长青镇血铅超标事件	陕西省宝鸡市
1986 年 4 月	切尔诺贝利核泄漏事件	乌克兰基辅市郊	2010 年 7 月	紫金矿业溃坝事件	福建省上杭县
1986 年 11 月	剧毒物污染莱茵河事件	瑞士巴塞尔市	2011 年 8 月	渤海湾漏油事故	渤海中部的蓬莱 19-3 油田

————————

① 资料来源：《中国环境统计年鉴 2019》。

续表

国际			国内		
发生时间	事件	发生地点	发生时间	事件	发生地点
1989 年 11 月	雅典 "紧急状态事件"	希腊雅典	2012 年 1 月	龙江镉污染事件	广西壮族自治区河池市
2000 年 1 月	污染多瑙河事件（巴亚马雷金矿污水处理池破裂）	罗马尼亚奥拉迪亚市及附近	2016 年 4 月	仙女湖水质重金属超标导致水厂停水事件	江西省新余市
2010 年 10 月	污染多瑙河事件（匈牙利赤泥泄）	匈牙利维斯普雷姆州奥伊考	2017 年 5 月	嘉陵江四川广元段铊污染事件	陕西省宁强县

资料来源：根据宋永昌（2000）、杨平（2017）、《中国环境年鉴》（2014—2018）整理。

二　资源短缺和环境污染对中国工业转型升级约束日益凸显

全球化、国际化经济发展背景下，工业发展是追求最大效率的市场竞争过程。随着中国经济与世界发展逐步接轨，中国工业的市场竞争环境更为激烈。而且，世界各国对企业的环境资源要求也日益严格，相对落后的资源环境条件在一定程度上削弱了中国国际竞争力。[1]一方面，工业部门一直是中国能源消费的大户，工业能耗高的问题由来已久。从国内产业结构及能源消费结构来看，2017 年，中国工业增加值占 GDP 比重为 33.9%，但工业能源消费却占能源消费总量的 65.7%。从世界范围来看，中国能源消费量占全世界的比重不断增加，2016 年增长至 20.6%，而能源自给率在不断下降，2016 年仅为 0.8，低于世界 1.0 的平均水平。不可再生性是能源资源的重要特性，目前中国能源生产已远远不能满足能源消费步伐，并且能源成本不断提高，能源耗竭的现状越来越成为制约中国工业发展的重要因素。另一方面，工业发展过度依赖能源资源，也带来了严重的环境污染问题。统计数据显示，2016 年工业 SO_2、NO_x、烟（粉）尘排放量分别占其排放总量的 83.7%、63.8%、80.1%。环境污染倒逼钢铁、建

---

[1]　金碚：《资源与环境约束下的中国工业发展》，《中国工业经济》2005 年第 4 期。

材、铸造、有色、化工、焦化等高污染和高耗能行业"限产停工"或"差别化错峰生产"，给经济发展带来巨大损失。由此，粗放的工业发展方式造成资源供给越发匮乏、环境承载能力逼近极限，资源环境成为中国工业可持续发展重要的内生变量和刚性约束条件。在更为严峻的资源和环境条件约束下，实现工业可持续发展是中国"十四五"时期深化工业化进程的关键。

三 资源环境压力问题引起政府、社会的普遍关注和广泛讨论

资源紧缺和环境污染给经济社会带来了巨大损失并严重威胁其可持续发展。面对资源环境的双重压力，如何缓解经济发展与资源环境之间的现实矛盾，促进经济社会可持续发展引起了政府、社会的普遍关注和广泛讨论。新中国成立以来，中国经济发展与资源环境协调发展政策经历了战略探索、环境保护制度创建、可持续发展战略、"两型社会"建设战略、生态文明战略五个阶段（见图1-1）。[①] 2002年，党的十六大报告确定了中国要走新型工业化道路，提出到2020年基本实现工业化，其基本特征是科技含量高、经济效益好、资源消耗低、环境污染少、人力资源优势得到充分发挥。2005年，习近平总书记提出"绿水青山就是金山银山"的科学论断。2013年至2016年，国家接连发布了"大气十条"、《环保法》修订、"水十条"、"土壤十条"等被称为"史上最严"的环保法律法规。2015年，《中国制造2025》提出由资源消耗大、污染物排放多的粗放制造向绿色制造转变的战略任务，将"绿色制造工程"作为重点实施的五大工程之一。《工业绿色发展规划（2016—2020年）》对工业能源利用效率、资源利用水平、清洁生产水平等提出了一系列的指标要求。2017年，党的十九大进一步将建设生态文明上升为"千年大计"。至此，中国形成了"绿色发展"的全新发展理念，建设人与自然和谐发展的美丽中国成为政府、社会等共同努力的方向。

---

① 王金南等：《中国环境保护战略政策70年历史变迁与改革方向》，《环境科学研究》2019年第10期。

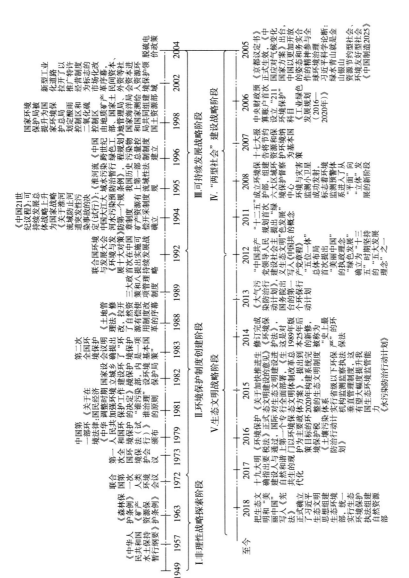

图 1-1　1949 年以来中国经济发展与资源环境协调发展政策演变历程

资料来源：根据王金南（2019）整理制作。

四 工业发展的资源环境压力研究是人地关系地域系统的重要命题

资源环境要素开发利用方式的不断更新、选择、交替和传播的过程演进是人地关系的基础。工业、资源、环境是人地关系地域系统的重要组成部分。工业化经济的快速推进改变使得人类社会经济活动的生产和生活方式产生变革,导致资源环境要素开发构成的重大转变。大规模的能源矿产资源开发和利用推动了社会资源消费结构多元化的发展,工业化和城镇化的快速发展和扩张极大地改变了原有生态系统,从而彻底突破了原有资源环境要素开发利用的模式与疆界。[①] 据此,国家现代化的资源环境基础的要素构成变为土地+淡水+能源+矿产+环境。由于人类技术进步、产业结构和意识形态的差异,其对资源利用与环境消耗的作用强度和模式也不同。社会经济活动与资源环境压力之间的相互作用关系与作用模式也从单要素的简单相互作用向多元化的复杂作用关系转变。鉴于工业发展对资源环境要素产生的强烈影响,识别人地关系演进过程中工业发展的资源环境压力空间演化及影响机制成为人地关系地域系统的重要补充。

第二节 研究目的及意义

一 研究目的

结合人文地理学、区域经济学相关理论,通过定性和定量分析相结合的研究方法,从资源和环境两个角度,揭示多尺度的工业发展的资源环境压力格局演化及影响机制。

(一)理论目标

在宏观尺度上,构建基于中国国情的工业发展的资源环境压力研究框架,分析不同尺度上工业发展的资源环境压力的时空演化规律,

---

① 李小云、杨宇、刘毅:《中国人地关系演进及其资源环境基础研究进展》,《地理学报》2016年第12期。

识别关键影响因素对工业发展的资源环境压力的作用方向和强度，揭示工业发展的资源环境压力形成的宏观机制。

（二）应用目标

在经济转型升级背景下，将京津冀地区工业发展的资源环境压力细分到工业行业，基于工业发展的资源环境压力时空演化特征和影响机制解析，提出资源环境约束下工业结构绿色转型和空间结构优化路径，推动工业发展的资源环境压力密集区域工业转型发展，缓解资源环境压力，实现区域可持续发展。

二 研究意义

中国经济全面步入新常态给我们提出一系列新的科学问题。从工业发展引起的资源环境压力这一主题来探讨中国不同尺度下工业发展的资源环境压力的演化规律和驱动机制，对人文地理学发展和中国工业经济从规模速度型粗放增长向质量效率型绿色增长转变具有重要的理论和现实意义。

（一）理论意义

1. 完善工业发展的资源环境压力的测度及机理研究

虽然工业快速发展造成大量资源消耗和环境污染的观念已达成共识，但是学术界并未形成统一的工业发展的资源环境压力指标体系构建和评估方法。本研究在总结相关研究指标体系选取的基础上，充分考虑到资源与环境的动态性和区域的开放性，从工业发展所需关键资源要素和产生的环境污染两个方面构建工业资源压力和环境压力的评价体系，建立"工业—资源—环境"的多尺度的数据库，对工业发展的资源环境压力进行综合的评价，分析其空间演化特征及作用机制，完善工业发展的资源环境压力的测度及机理研究。

2. 丰富人地关系地域系统的理论认知和优化路径

从环境污染和能源消耗角度，刻画多尺度工业发展的资源环境压力的空间演化特征，探索工业发展的资源环境压力的演化机制，为资源环境约束下工业结构调整和空间布局优化调整提供理论支撑。有助于推动工业发展与资源环境关系的研究进展，丰富人地关系地域系统的理论认知和优化路径。

（二）实践意义

1. 对中国工业经济绿色转型和可持续发展具有重要的实践指导意义

本研究基于工业发展的资源环境压力空间演化特征及影响机制的研究将有力地促进中国工业经济由粗放的以过度消耗资源和破坏环境为代价的增长模式，向资源集约利用、污染排放显著减少、经济效益显著提升的可持续发展模式转变，对中国工业经济绿色转型和可持续发展具有重要的实践指导意义，同时有助于推进中国生态文明的建设步伐。

2. 对中国其他城市密集地区工业绿色转型升级和空间优化布局提供借鉴

通过工业发展的资源环境压力的多尺度分析，确定工业发展的资源环境压力的重点区域。测算京津冀地区工业和工业行业资源环境压力，揭示工业发展关键因素对资源环境压力产生的影响，进而提出具有针对性的有助于工业发展的资源环境压力缓解的产业结构调整和空间优化布局方案，可以为相关部门制订京津冀可持续发展方案提供思路，同时为其他城市密集地区探索工业与资源环境协调发展提供一些借鉴。

第三节　研究方案

一　研究内容

运用人文地理学"格局—过程—尺度"的研究范式，全书内容紧紧围绕工业发展的资源环境压力这一主题展开，主要研究内容包括以下几点。

（一）工业发展的资源环境压力文献综述、理论基础和研究框架构建

梳理相关文献，对工业、工业发展的资源环境压力的概念进行界定；总结工业发展的资源环境压力的研究方法、实证研究、影响因

素，明确工业发展的资源环境压力相关理论基础。基于已有文献的研究成果和存在的问题，结合新常态下中国工业发展的资源环境压力现实基础，构建本研究的研究框架。在此基础上，对工业发展进程中的资源环境压力阶段性规律和影响机制进行理论性分析。

（二）中国工业发展的资源环境压力多尺度时空演化特征与作用机制

中国工业发展的资源环境压力多尺度时空演化特征：采用工业土地、用水、用电等综合构架工业发展的资源压力评价指标体系，采用工业废水、SO_2、烟（粉）尘等综合构架工业环境压力评价指标体系，基于熵权 TOPSIS 法、泰尔指数、变异系数等方法，从大区、城市群、城市的尺度，对中国工业发展的资源压力和环境压力进行测度评价，分析其时间和空间演化特征。结合中国工业发展轨迹和经济发展背景，全面解读工业发展的资源环境压力演变阶段性变化特征和规律性。

中国工业发展的资源环境压力影响因素与作用机制：基于2006—2019年工业发展的资源环境压力面板数据，构建空间杜宾模型（SDM 模型），从大区、城市群、城市尺度，分析工业规模、效益、集聚、劳动生产水平、开放水平、工业化水平、环境规制等对工业发展的资源压力和环境压力的影响，辨识关键影响因子的作用方向、作用强度，并分析其影响机制。

（三）京津冀地区工业发展的资源环境压力时空演化特征与影响机制

京津冀地区工业发展的资源环境压力时空演化特征：采用工业用水、煤炭、燃料油、天然气、用电等指标构架工业发展的资源压力评价指标体系，采用工业废水、废气、SO_2、烟尘等指标构架工业发展的环境压力评价指标体系；基于熵权 TOPSIS 法、空间自相关分析测度分析1998年和2012年京津冀地区工业分行业资源压力和环境压力时空演化特征。采用工业劳动、资本、资源等作为投入指标，工业总产值作为期望产出，工业环境污染物作为非期望产出；基于 SBM 模型构建，测度分析1998年和2012年京津冀地区工业分行业资源环境效率的时空演化特征。

京津冀地区工业发展的资源环境压力影响机制解析：基于 1998 年和 2012 年工业发展的资源环境压力截面数据，构建空间误差模型，分析京津冀地区城市尺度上工业规模、集聚、效益、市场化程度、开放水平、所有制结构、环境规制、技术创新等关键影响因素对工业发展的资源压力、环境压力和资源环境效率作用方向和强度的变化，总结京津冀地区工业发展的资源环境压力形成的影响机制。

（四）资源环境约束下京津冀地区工业结构调整和空间组织优化

从人文地理学面向社会需求，服务国家和地方的角度出发，通过构建工业资源环境熵与区域资源环境熵模型，考虑区域资源禀赋、产业基础、工业竞争力等自然经济条件，提出资源环境约束下京津冀地区工业产业结构调整和空间组织优化的方向，探索京津冀地区工业可持续发展路径，也为政府部门制定工业发展政策提供参考。

二 研究方法

本书总体采用理论研究与实证分析相结合的方法（见图 1-2）。具体方法包括：

（一）文献调查法

本书全面收集与本研究相关的文献资料，研读已有研究成果，借鉴国内外先进研究思路，总结和分析中国工业化进程中资源环境压力变化的基本特征，为探索中国工业发展的资源环境压力的多尺度空间特征、影响机制及区域产业结构和空间组织优化提供理论基础。参考地理学、经济学、环境学、社会学等多学科理论分析方法，系统梳理现有理论中关于工业发展与资源、环境等问题的文献，重点归纳人地关系地域系统理论、可持续发展理论、环境库兹涅茨理论、外部性理论、绿色经济理论等理论思想与争议，阐述工业发展过程中资源环境压力的理论性变化规律，为本研究的实证研究建立良好的理论框架。

（二）定量分析与定性分析相结合

本书采用熵权 TOPSIS 方法测度全国和京津冀地区工业发展的资源环境压力，采用变异系数、泰尔指数、空间自相关方法分别测度大区、城市群、城市尺度上工业发展的资源环境压力的差异程度，采用

Sup-SBM 模型测度京津冀地区工业资源环境效率，采用空间分析方法分析京津冀地区工业发展的资源环境压力与效率的空间演化特征，采用空间效应模型能更精确地估计工业发展的资源环境压力的空间依赖性及其作用机制，借鉴熵的计算方法分析资源环境约束下京津冀地区工业结构调整和空间优化的路径。同时，工业发展的资源环境压力是一个复杂的问题，是涉及诸多因素的综合体，定性研究也必不可少。结合工业经济发展实际情况，在揭示工业发展的资源环境压力形成过程中运用大量的定性描述。

（三）空间计量分析软件支持

本书中，Arcgis、MaxDEA、Excel 主要用于全国—大区—城市群—城市尺度资源环境压力定量评价的空间差异分析及地图化表达等。Geoda、SPSS、Stata 主要用于工业发展的资源环境压力关键影响因素识别。

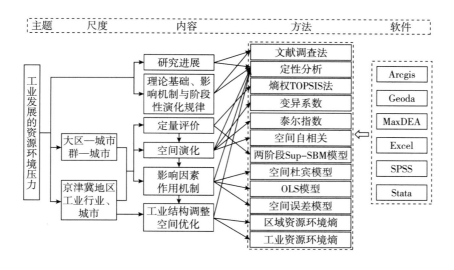

图 1-2 研究内容与研究方法

三 数据来源

本书数据涉及工业发展的经济属性、资源属性和环境属性三个方面数据（见图 1-3）。

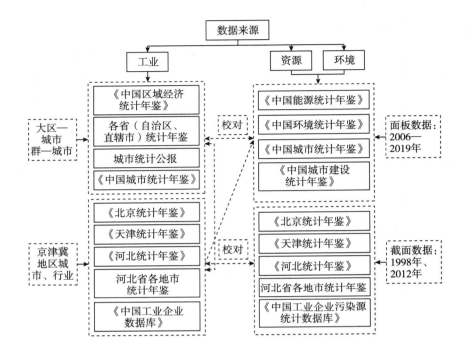

图 1-3　数据及来源

　　大区、城市群、城市层面上的工业资源、环境数据来源于《中国能源统计年鉴》《中国环境统计年鉴》《中国城市统计年鉴》《中国城市建设统计年鉴》；工业经济属性的数据来源于《中国区域经济统计年鉴》、各省（自治区、直辖市）统计年鉴、部分缺失数据来源于各地统计公报；由于数据来源于多个统计年鉴，因此，首先将各指标统计单位进行统一，然后校对不同年鉴的相同指标，对缺值指标采取插补法进行补缺，对异常值采取剔除后根据城市统计年鉴补缺的方法进行处理。

　　京津冀地区城市尺度上的工业经济属性数据来源于《北京统计年鉴》《天津统计年鉴》《河北统计年鉴》以及河北省各地市统计年鉴；工业资源、环境数据通过《中国工业企业数据库》《中国工业企业污染源统计数据库》，企业数据按照行政区划进行汇总得到；由于数据库存在样本错配、指标缺失、指标异常等问题，因此对数据进行以下处理：首先剔除停业、关闭、破产、其他等状态的样本；工业总产值、主营业务收入、固定资产、流动资产等缺失和小于 0 的样本；职工人数小于 8

的样本；销售收入在 1998 年低于 500 万元，在 2012 年低于 2000 万元的样本；然后将两个数据库的数据按照组织机构代码匹配。①

在时间序列上，在全国—大区—城市群尺度上选取 2006—2019 年作为本书的主要时间段；在京津冀地区城市尺度上，选取 1998 年和 2012 年为主要时间节点。

四　技术路线

本书以研究背景与立论、研究进展与理论基础、多尺度时空演化与影响机制、典型区域工业结构调整与空间优化的研究思路展开（见图 1-4），论述工业发展的资源环境压力空间演化与影响机制，通过提出工业结构和空间布局优化方案，使资源环境利用达到最优利用状态。

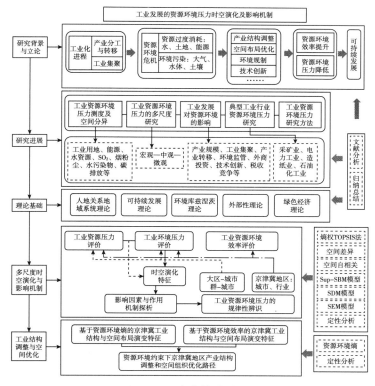

图 1-4　本书技术路线

---

① 聂辉华、江艇、杨汝岱：《中国工业企业数据库的使用现状和潜在问题》，《世界经济》2012 年第 5 期。

第四节　本研究的创新点

综合分析既往研究，本研究尝试以下三个方面的创新工作。

理论方面，系统阐述了工业化进程中，规模经济、产业结构、工业集聚、技术创新、外商投资和环境规制等因素对工业发展的资源环境压力影响作用和综合作用机制。总结了工业发展过程中资源压力和环境压力的 S 形和倒 U 形阶段性演变规律。

基于多尺度研究，从全国—大区—城市群—城市层面，分析了中国工业发展的资源环境压力时空演化特征，识别了中国工业发展资源环境压力的关键影响因素，辨析了影响因素的作用方向、作用强度，总结了工业发展的资源环境压力演化机制。

基于工业企业数据，分析了京津冀地区工业及工业行业的资源环境压力、工业资源环境效率的时空演化特征及影响因素，并提出资源环境约束下京津冀地区工业结构调整和空间组织优化的路径。

第二章 工业发展的资源环境压力
研究综述

从人地关系的核心观点出发，资源环境基础主要指人类社会赖以生存和发展的一切物质来源。根据工业生产所需的资源环境要素划分，土地、水、矿产、能源作为工业化的重要支撑，大气污染和水污染作为工业化难以规避的副产品，顺理成章地成为探究工业发展对资源环境影响的焦点。总结相关研究认为，工业发展的资源环境压力研究已取得大量的研究成果。在中国知网数据库（以下简称 CNKI）进行"环境污染""资源利用""生态文明"等主题搜索，在未经过文献精练的情况下，搜索文献超过 70 万篇次，2000 年以来，文章数量增长明显，生态文明、土地利用、大气污染等受到普遍关注（见图 2-1）。1990—2007 年，中国学术界形成了工业发展的资源环境压力研究主线，"工业碳排放""EKC 曲线""工业环境污染""工业用地""生态效率""工业能源效率""DEA 模型""影响因素""工业环境效应""技术进步"等高频词在这一时期出现。2007 年以后，相关研究主要是对以前研究主题的扩展，研究关注了长三角、京津冀、长江经济带等区域，空间计量方法在研究中受到重视。从研究主题看，学者们从工业能源消耗、工业污染、工业资源环境效率等多方面对工业发展面临的资源环境问题进行了深入的理论研究和实践探索，研究学科涉及地理学、资源环境学、社会学、管理学、经济学等多领域交叉。学术界对资源环境压力的关注，从理论层面上确立了研究的方法及测度指标，从实践层面上通过对国家或区域的成功案例的研究，归纳总结节能减排的发展模式，为各级政府提供政策支持。

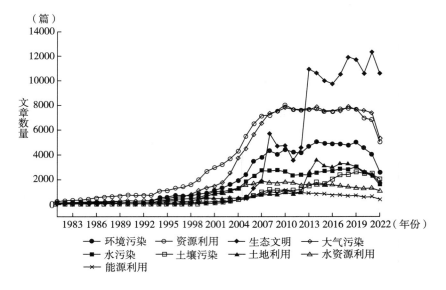

图2-1　1981—2022年中国知网数据库资源环境问题
相关文章数量变化趋势

第一节　工业发展的资源环境压力
测度及空间分异

一　工业用地与用地效率

　　韦伯提出的工业区位论和廖什提出的市场区位论最早研究了工业用地的空间演变规律①，伴随工业集聚在中心城区产生环境污染、交通拥挤等城市病，工业生产开始向郊区转移，工业郊区化和新产业区工业空间利用的演变规律成为关注热点，李嘉图的土地竞租模型认为城市中心地租不断增加，用地性质多为竞租能力强的商业用地，工业用地逐渐向城市周边扩散。② 丹尼斯·迪帕斯奎尔认为工业用地在城

①　李小建：《经济地理学》，高等教育出版社2006年版。
②　［英］大卫·李嘉图：《政治经济学及赋税原理》，李俊功译，光明日报出版社2009年版，第30—32页。

市的空间演变规律经历了集聚—分散—集聚的过程。一方面，生产规模的扩大和运输条件及储藏技术的提高产生的离心力，使工业用地趋于分散；另一方面，工业用地规模利用和集聚效应等影响产生的向心力，使工业用地能够在分散地重新集聚。① 随着全球化和信息化的发展，相关研究开始关注工业生产空间重构。

自 20 世纪 80 年代以来，以中国为代表的亚洲新兴经济体一直是外国直接投资的接受者，土地作为生产要素是工业生产必不可少的物质条件。在土地稀缺和相对高密度的背景下，工业用地空间集散与布局优化等受到国内学者的广泛关注。相关研究采用土地利用现状图、多时相卫星图片或者航拍图片、遥感数据、工业普查数据、工商部门登记的工业企业数据、统计数据等分析工业用地的空间分布特征。目前，学者们关注了空间尺度上的省域、城市群、城市、城镇、工业园区、企业的工业用地空间分异和行业尺度上工业行业用地分异。国内研究中，单体城市的工业用地空间演变特征研究的关注度要明显高于其他尺度的研究，并且以这些单体城市的研究多为南方城市，北方城市中北京市的关注度要高于其他城市。对单体城市的研究认为工业用地空间分布的近郊性明显，并在近郊具有环聚态势。在北京、武汉等一线和新一线城市，工业用地受让行业出现由制造业向高新技术行业演变的趋势。此外，也有研究关注了乡村工业用地的分布特征。

全球城市化和城市蔓延使城市工业用地资源日益稀缺，土地利用效率成为可持续发展的重要问题。目前研究工业用地效率并没有统一的定义，也没有形成统一的评价方法。自 20 世纪 20 年代以来，对土地利用效率内涵的认识由"达到最佳经济效益"发展到"经济、社会、政治和生态效益的多重内涵"。从在空间效益方面，不同国家在土地消费方面有显著差异，工业用地的经济效益很大程度上取决于地区背景。Erik 等发现荷兰城市化地区工业用地效率区域差异明显，工

---

① ［美］丹尼斯·迪帕斯奎尔、威廉·C. 惠顿：《城市经济学与房地产市场》，龙奋杰等译，经济科学出版社 2002 年版，第 90—116 页。

业用地效率随城市化率提高而增加。[①] Ben 的研究则认为规模过大的城市和园区工业生产效率并未达到预期水平。[②] Cainelli 和 Huang 的研究都表明位于工业园区或者开发区的企业用地效率明显高于园区外的企业，并且不同类型和级别的开发区用地效率也有差异。[③] Yan 等认为工业园区内土地利用效率水平参差不齐，土地利用强度有待加强。[④] 国内研究出现了工业土地集约利用、工业用地利用效益、工业用地空间适宜性、工业用地产出效率、工业用地绩效、工业用地生态效率等研究内容。谢花林、黄和平等的研究认为中国各经济区工业用地效率存在显著差异，工业用地利用粗放、工业劳动力过剩以及工业经济产出不足的情况存在。[⑤] 李文静等的研究认为山西省煤炭和冶金、食品、电力、化工、医药和机械等行业土地利用效益较高，应鼓励这些具有较好基础的行业发展。[⑥] 综合以上研究，对工业用地效率的研究应从经济学、资源综合利用和投入产出角度关注土地要素在城市工业经济增长以及社会、环境效益提升中的利用效率。

二　工业用水与用水效率

水资源是经济社会可持续发展不可或缺的基础物质资源，也是工业发展的重要血脉，几乎参与了工业生产的每一生产环节，因而工业用水的研究成为资源环境问题研究的重要组成部分。国外学者对于工业用水的研究进行了诸多有益的探索。经济合作与发展组织（OECD）大多数国家的工业用水经历了先增加后趋于平稳，再随收入增加而有

---

① Eric Kades, "The Dark Side of Efficiency: Johnson v. M'Intosh and the expropriation of American Indian lands", *University of Pennsylvania Law Review*, Vol. 148, No. 4, 2000.

② Ben T M and Wang K F, "Interaction analysis among industrial parks, innovation input, and urban production efficiency", *Asian Social Science*, Vol. 7, No. 5, 2011.

③ Cainelli G, "Spatial agglomeration, technological innovations, and firm productivity: Evidence from Italian industry districts", *Growth and Change*, Vol. 39, No. 3, 2008.

④ 周咏馨等：《工业用地绩效评价网络运行效率的分析与优化》，《城市发展研究》2017 年第 9 期。

⑤ 谢花林等：《中国主要经济区城市工业用地效率的时空差异和收敛性分析》，《地理学报》2015 年第 8 期。

⑥ 李文静、毕如田、刘军芳：《山西省不同行业工业用地利用效益评价研究》，《山西农业大学学报》（自然科学版）2015 年第 1 期。

所下降的过程。Sachidananada 发现制造业消耗了许多发达国家每年提取淡水的 20%—40%。[①] Wang 等的研究发现 2005—2010 年美国工业部门总取水量减少了 20 万亿加仑。[②] Duarte 发现西班牙食品和化学品、金属及电子产品制造业直接或间接地充当了主要的用水和水污染部门。[③] Hassan 则发现南非制浆厂、糖厂和水果加工厂的并不是水的主要消费部门，但是对水质产生影响。[④]

20 世纪 80 年代以来，中国工业化、城市化进程加快，生产生活用水量的快速增加，其中主要工业产品的单位用水居高不下，工业用水定额与发达国家差距明显，水资源短缺日益加剧，未来工业用水保障也将成为一个十分严峻的问题。从各地区工业用水量来看，随着经济增长，各地区工业用水出现持续增长、零增长和负增长三种状态，工业用水量占总用水量的比重在各地区处于持续下降的状态。[⑤] 也有地区工业用水量呈现先增长、后下降和再增长的"N"形变化特征，例如山东省。从工业行业用水部门来看，北京市 1996—2008 年工业取水量高的行业集中在电力热力、石油化工、金属冶炼、食品、烟草制造业 5 个部门。食品、烟草、设备制造和电子信息制造业等行业工业用水量增加。[⑥] 也有学者对区域工业用水趋势做了预测，认为海河流域工业用水负增长的趋势不会一直保持不变，随着用水和节水效率的门槛限制，工业用水将会有所上升。[⑦] 总体而言，工业用水量演变

---

① Sachidananada M，Rahimifard S，"Reduction of water consumption within manufacturing applications"，*Leveraging Technology for a Sustainable World*，2012，16：455−460.

② Wang H，Small M J，Dzombak D A，"Improved efficiency reduces U. S. industrial water withdrawals，2005—2010"，*Environmental Science & Technology Letters*，Vol. 2，No. 4，2015.

③ Duarte R，Sánchez-Chóliz J，Bielsa J，"Water use in the Spanish economy：An input-output approach"，*Ecological Economics*，Vol. 43，No. 1，2002.

④ Hassan R M，"Economy−wide benefits from water−intensive industries in south Africa：Quasi-input-output analysis of the contribution of irrigation agriculture and cultivated plantations in the crocodile river catchment"，*Development Southern Africa*，Vol. 20，No. 2，2003.

⑤ 张兵兵、沈满洪：《工业用水与工业经济增长、产业结构变化的关系》，《中国人口·资源与环境》2015 年第 2 期。

⑥ 刘云枫、孔伟：《基于因素分解模型的北京市工业用水变化分析》，《水电能源科学》2013 年第 4 期。

⑦ 王雪梅等：《海河流域工业用水变化趋势分析与预测》，《水电能源科学》2014 年第 11 期。

趋势以及工业行业用水差异的研究并不多见，现有研究多关注工业用水和经济发展的关系，工业用水效率的变化。

工业用水量消耗的时空差异和行业差异与用水效率密不可分，对工业用水效率的研究始于 20 世纪 80 年代。Lynk 认为供水和污水处理公司比只用水的公司效率更高，用水和污水服务之间存在规模经济。[①] Bottasso 发现英国和威尔士水行业运营成本低效率在 1995—2001 年有所下降，企业之间的低效率差异稳步缩小。Alnouri 等认为工业用水消耗量大、工业污水排放高、治污成本高等问题普遍，这些问题都制约着工业发展。[②] Ferro 等分析拉丁美洲各地区工业用水效率及影响因素，并提出建立更为公平合理的监管体系等以提升区域的用水效率。[③] Yousen 等认为中国工业生产过程中用水效率较低，污染物减排成本降低，水资源利用效率和减排潜力存在明显的地理差异，应更多地采用先进技术减少污染物排放。[④] Mousavi、Walsh 等分别构建了制造系统中资源消耗的层次结构框架和用水成本分析框架，以对生产过程中的用水量进行直接和间接的用水足迹进行模拟，应随工业发展中必要的可持续性挑战。[⑤]

国内学者的研究视角关注了工业用水效率的时间和空间演变特征，工业水污染控制途径等。沈满洪等认为中国工业用水效率总体不断提升，中西部地区高消耗高污染现象明显，提升工业用水技术、促

① Lynk, E, "Privatisation, joint production and the comparative efficiencies of private ownership: The UK water industry case", *Fiscal Studies*, Vol. 14, No. 2, 1993.

② Alnouri S Y and Linke P and Halwagi M E, "A synthesis approach for industrial city water reuse networks considering centraland distributed treatment systems", *Journal of Cleaner Production*, Vol. 89, 2015.

③ Ferro G and Romero C A and Covelli M P, "Regulation and performance: A production frontier estimate for the Latin American water and sanitation sector", *Utilities Policy*, Vol. 19, No. 4, 2011.

④ Wang Y S, "Water use efficiency and related pollutants' abatement costs of regional industrial systems in China: aslacks-based measure approach", *Journal of Cleaner Production*, Vol. 101, 2015.

⑤ Mousavi S and Kara S and Kornfeld B, "A hierarchical frame work for concurrent assessment of energy and water efficiency inmanufacturing systems", *Journal of Cleaner Production*, Vol. 133, 2016.

进合作交流等是减少水污染，提升用水效率的重要途径。[①] 买亚宗等研究发现中国工业用水效率呈现高经济产出高水污染的特点，用水效率时空差异化明显，西部地区用水效率低、水污染严重的特点突出。[②] 陈关聚等研究认为中国工业用水效率呈现自西向东逐渐减弱的基本格局，建立差异化的市场机制、提高节水技术是缓解工业水资源压力的重要途径。[③] 胡彪等的研究表明京津冀地区用水效率总体上升，京津及周边城市工业用水效率较高，邯郸、邢台两地工业用水效率下降。[④]

三 工业能源消耗与碳排放效率

20 世纪 70 年代，《增长的极限》一书分析了能源消费对经济增长和社会发展的制约作用，从此引发了能源经济系统的研究。国外相关研究探讨了能源消耗和经济增长、环境污染之间的因果关系，较少涉及工业能源消耗的空间和行业差异。梳理国内相关研究，早期关注了乡镇工业能源消耗及其对农村生态环境的影响和重工业能源消耗，研究主要以定性研究为主。随着城市化和工业化的推进，学界开始普遍讨论城市工业能源消耗及其能源类别的差异性，并在此基础上研究工业能源消耗和经济增长、环境污染之间的关系。研究发现 1990—2014 年，中国电力与热力消费比重整体保持着持续增加的趋势，煤炭消费比重不断降低，石油消费比重变化呈现多样性特征，天然气消费比重整体仍处在较低水平上，中国工业煤炭消费比重总体下降、地区差异显著。[⑤] 石油消费变化呈现多样性特征，天然气消费比重整体仍处在较低水平上，电力与热力消费比重整体呈持续增加的趋势；中国能源终端消费结构呈现出不断改善的趋势，其地域分布不仅呈现出明

---

① 沈满洪、程永毅：《中国工业水资源利用及污染绩效研究——基于 2003—2012 年地区面板数据》，《中国地质大学学报》（社会科学版）2015 年第 1 期。

② 买亚宗等：《基于 DEA 的中国工业水资源利用效率评价研究》，《干旱区资源与环境》2014 年第 11 期。

③ 陈关聚、白永秀：《基于随机前沿的区域工业全要素水资源效率研究》，《资源科学》2013 年第 8 期。

④ 胡彪、侯绍波：《京津冀地区城市工业用水效率的时空差异性研究》，《干旱区资源与环境》2016 年第 7 期。

⑤ 王强、伍世代、李婷婷：《中国工业经济转型过程中能源消费与碳排放时空特征研究》，《地理科学》2011 年第 1 期。

显的地带性分布特征，同时表现出一定的产地消费导向特征。中国环渤海地区工业能源消费高。

工业化和城市化快速推进增加了能源消费需求，排放大量的温室气体。碳排放效率从能源效率中分化出来，成为测度区域低碳经济发展水平最有效的指标之一，也有学者称为"碳排放强度""碳排放绩效"。作为环境效率的研究分支，工业碳排放效率测度及其空间计量研究不断深入。国内外的学者主要从单要素和全要素两个视角展开研究。首先是单要素角度，Sun 认为 OECD 国家在 1960—1995 年显著提高了能源使用效率。[1] 科技能力不发达的贫困国家的碳化指数有可能低于发达国家。Mielnik 等认为工业化国家"脱碳"的同时发展中国家正在"碳化"。[2] 单要素碳排放效率只能从一方面来说明碳排放效率问题，所以，全要素视角下的碳排放效率被广大学者所研究。Jotzo的研究认为确定碳排放强度在发展中国家比在工业化国家发挥更重要的作用。[3] Fais 和 Sovacool 等认为欧盟要实现 2025 年比 1990 年减排80%—95%的目标，还需要更进一步、更广泛的低碳创新。[4] Wyckoff认为 6 个 OECD 国家碳排放总量中有 13%来自制成品进口。[5] Zhang等发现中国工业碳排放效率在省域间存在显著的空间集聚性。[6] 吕可文等认为河南省工业直接碳排放量具有高度的行业集中性，煤炭采选

① Sun J W and Meristo T, "Measurement of dematerialization/materialization: A case analysis of energy saving and decarbonization in OECD countries, 1960–95", *Technological Forecasting & Social Change*, Vol. 60, No. 3, 1999.

② Mielnik O and Goldemberg J, "Communication The evolution of the 'carbonization index' in developing countries", *Energy Policy*, Vol. 27, No. 5, 1999.

③ Jotzo F and Pezzey J C V, "Optimal intensity targets for greenhouse gas emissions trading under uncertainty", *Environmental&Resource Economics*, Vol. 38, No. 2, 2007.

④ Fais B and Sabio N and Strachan N, "The critical role of the industrial sector in reaching long-term emission reduction, energy efficiency and renewable targets", *Applied Energy*, Vol. 162, No. 1, 2016.

⑤ Wyckoff A W and Roop M J, "The embodiment of carbon in imports of manufactured products", *Energy Policy*, Vol. 122, No. 3, 1994.

⑥ Zhang Y J, "The CO$_2$ emission efficiency, reduction potential and spatial clustering in China's industry: Evidence from the regional level", *Applied Energy*, Vol. 174, No. 7, 2016.

业等能源产业和基础行业，构成了整个工业直接碳排放的主要来源。[①]
李平星等的研究发现泛长三角地区工业碳排放的中心随工业增长的中
心转移，但是由于增长惯性和产业转移速度较慢，工业碳排放格局仍
然东北重、西南轻。[②]

四　工业环境污染与资源环境综合效率

随着工业集聚程度上升，规模扩大和能耗增加所带来的诸如废
水、废气、固体废弃物逐渐成为环境污染的主要源头。各国工业化普
遍发展使得空气污染已由区域性转变为全球性，工业部门在应对将环
境恶化的挑战中，应首当其冲积极承担其社会责任。国外相关研究关
注了北美三个国家的工业污染联系、欧盟国家的工业污染、南非豪登
省和姆普马兰加省 SO_2 的时空变化、西班牙西南部加的斯湾城市工业
水污染、澳大利亚布里斯班河污染物排放等工业发展的资源环境压力
要素。此外，还有学者关注了工业污染对人类健康的威胁。国内地理
学界既有研究关注工业污染、水环境压力、SO_2 污染、NO_x 排放、工
业废水排放、环境污染事件、环境压力的演变趋势、时空格局。已有
研究普遍认为省区、城市群、地市等尺度的工业环境污染均表现出显
著的空间集聚性和空间溢出效应，但不同时段、不同类型污染物的空
间分布、区域差异、重心演变及驱动机制存在较大差异，并强调应从
经济、产业、外资、能源及政策等多方面因地制宜地制定差异化工业
污染防治措施。此外，随着城市城区"退二进三"产业结构调整和污
染企业"退城搬迁"，污染产业转移和污染转移的定量研究也逐渐受
到重视。

环境效率最初应用于企业层面，后逐步向更微观（产品）和宏观
层面（行业、园区和区域）两个方向深入。针对产品、企业或行业的
研究主要集中在重污染企业或行业，大部分研究集中在工业园区、城
市或者更大的区域层面。国际上对工业资源环境综合效率的研究主要

---

① 吕可文、苗长虹、尚文英：《工业能源消耗碳排放行业差异研究——以河南省为
例》，《经济地理》2012 年第 12 期。

② 李平星、曹有挥：《产业转移背景下区域工业碳排放时空格局演变——以泛长三角
为例》，《地球科学进展》2013 年第 8 期。

集中于发达国家和地区。Camarero 认为 OECD 国家中瑞士的环境效率最高，成员国环境效率具有趋同趋势。[①] 其后续的研究同样得出这一结论，并且 OECD 国家之间的生态效率差距逐渐缩小。Duro 等按地理群体（欧洲、北美和太平洋）的分析显示，群体内部能源效率不平等的减少比它们之间的减少更为显著。[②] 国内研究在区域、省域、城市、工业园区的实证分析更为广泛。王成金等实证分析表明两广地区形成工业发展有效率和无效率两大集群，其在减排工业废水、废气和降低资源和能源消耗方面有很大的改善潜力。[③] 佟连军等认为 2001—2009年辽宁沿海经济带工业环境效率有大幅提高，但与理想状况仍有一定差距，重工业化、资本密集化和高新技术化不利于工业环境效率提高。[④] 蔺雪芹等认为中国工业资源环境效率总体较低且多年来有所下降，在空间上具有相关性。[⑤] 张仁杰等认为中国省域工业生态效率具有明显的"区块状"空间集聚特征和自西南向东北阶梯递减的空间演化规律。[⑥]

第二节　工业发展的资源环境压力多尺度研究

从研究的空间尺度来看，国际上关注了以国家为尺度的宏观研究和工业集聚区的微观尺度工业发展的资源环境压力研究。在中国，基

① Camarero M and Picazo-Tadeo A J and Tamarit C, "Is the environmental performance of industrialized countries converging? A 'sure' approach to testing for convergence", *Ecological Economics*, Vol. 66, No. 4, 2008.

② Duro J A and Vicent Alcántara and Padilla E, "International inequality in energy intensity levels and the role of production composition and energy efficiency: An analysis of OECD countries", *Ecological Economics*, Vol. 69, No. 12, 2010.

③ 王成金等：《工业经济发展的资源环境效率评价方法与实证——以广东和广西为例》，《自然资源学报》2011 年第 1 期。

④ 佟连军等：《辽宁沿海经济带工业环境效率分析》，《地理科学》2012 年第 3 期。

⑤ 蔺雪芹、郭一鸣、王岱：《中国工业资源环境效率空间演化特征及影响因素》，《地理科学》2019 年第 3 期。

⑥ 张仁杰、董会忠：《基于省级尺度的中国工业生态效率的时空演变及影响因素》，《经济地理》2020 年第 7 期。

于空间尺度的工业发展的资源环境压力研究成果相对较多。可大致分为三个层面。

第一，宏观层面。一是基于国家的尺度，从宏观角度研究工业行业能源消耗、环境污染以及工业发展的资源环境压力的演变规律，研究时间序列较长，基本覆盖了改革开放以来的 40 余年，这部分研究有利于对工业发展的资源环境压力时序演变规律的把控；二是基于区域的尺度，主要是以传统意义上东部、中部、西部、东北进行区域划分，研究关注了工业化过程中工业发展的资源环境压力区域差异，研究普遍认为东部地区面临较高的工业资源环境压力，同时工业资源环境效率也相对较高。三是基于省（自治区、直辖市）域、城市群尺度，对工业发展的资源环境压力进行横向和纵向的比较分析，其中北京市、浙江省、江苏省等东南沿海地区的经济发达省级行政单元受到广泛关注。

第二，中观层面。随着时间的推移，地区之间的壁垒正逐渐减小，要素与产品在相邻城市、县区之间的流动更加自由，这使得各地区间空间溢出效应的作用尺度逐渐缩小，仅仅对省际尺度进行分析不能满足中国的实际需要。此外，大多数经济地理学家认为城市是区域发展的核心，也是资源消耗和环境污染的主要集聚地，在城市尺度的工业资源环境压力研究重要性由此凸显。一是基于城市尺度，关注全国地级以上城市的工业资源环境压力的空间分异及演变趋势；关于京津冀地区、长江经济带等发达地区和东北地区等重工业集聚地区工业资源环境压力的比较研究，对中国其他地区城市工业资源环境问题的分析具有重要的借鉴意义；此外也有学者关注了城市内部工业行业的资源环境压力研究，以南方城市为主，包括无锡市、昆山市、武汉市、昆明市等。二是基于区县尺度，现有成果较少，多以工业资源环境单要素研究为主，例如工业土地利用评价与效率、水资源环境压力等。

第三，微观尺度。工业化和城镇化的快速推进，各类工业园区和工业集聚区成为地区政府推进经济发展的重要组织形式。近年来中央环保督察反馈各省污染治理情况，工业园区环境污染已成共性问题。

重化工业集聚地区的微观研究也成为工业化资源环境压力研究的重点。例如企业用地行为，污染企业搬迁意愿，工业园区用地再开发，循环经济，VOCs、土壤污染，污水排放等。

第三节 典型工业行业发展的资源环境压力研究

采矿业、电力工业、造纸业、石油化工业等产业是国民经济重要的支柱产业和基础产业，也是高污染、高物耗产业的典型，因此其成为研究工业化资源环境压力的重点对象。对这些典型工业行业的研究是实现可持续发展的重要手段，为提高资源环境利用率，加大环境保护力度提供重要保障。目前国内外对典型工业行业资源环境问题的研究主要集中在工业发达国家或地区以及环境敏感区。例如美国、日本、地中海海湾沿岸城市、俄罗斯半岛地区等，国内研究区域包括北京、山东、江苏等省市。研究普遍认为典型工业行业的发展对区域环境污染具有显著的正向效应，行业集聚有利于加强污染控制的成本优势。相同工业行业环境效率在地域上的差异明显。Chapman 以得克萨斯州和路易斯安纳州石化工业为例的研究认为，污染控制技术和经济会加强大型综合企业集聚的成本优势。[1] PravdićV 讨论了克罗地亚亚得里亚海沿岸化学工业和旅游业发展相悖的问题。[2] Rigina 认为1964—1996 年科拉半岛采矿业面积稳步扩大，由于采矿过程中直接倾倒和排放造成了严重的水污染和空气污染。[3] Sueyoshi 等认为2005—

---

① Chapman K, "The incorporation of environmental considerations into the analysis of industrial agglomerations: Examples from the petrochemical industry in Texas and Louisiana", *Geoforum*, Vol. 14, No. 1, 1983.

② PravdićV, "The chemical industry in the croatian adriatic region: Identification of environmental problems, assessment of pollution risks, and the new policies of sustainability", *Science of the Total Environment*, Vol. 171, No. 10, 1995.

③ Rigina O, "Environmental impact assessment of the mining and concentration activities in the Kola Peninsula, Russia by multidate remote sensing", *Environmental Monitoring & Assessment*, Vol. 75, No. 1, 2002.

2009 年日本 10 家电力企业生产效率并没有发生积极变化。[1] 郭莉研究了中国电力行业环境效率的静态空间分布和动态时空演变特征，并指出其环境效率的提升有赖于技术进步。[2] 王俊岭认为中国钢铁工业的能源消耗大致处于弱脱钩状态。[3] 朱俏俏等认为工业经济发展长期对资源型产业碳排放的依赖程度逐渐减弱。[4] 王来力认中国纺织工业的 CO_2 排放量的库兹涅茨曲线呈现 N 形曲线关系，加大了纺织工业碳减排的风险与压力。[5] 左建兵等分析北京市电力行业的用水和节水政策。[6] 姜昳芃等认为山东省石化产业扩张引起了以 COD、氨氮、石油类排放为主的工业废水增加，影响了区域经济和环境健康发展。[7] 杨加猛等认为江苏省造纸业迅速增长对 CO_2 排放具有显著的增量效应。[8]

第四节　工业发展的资源环境压力影响因素

一　经济发展水平

经济发展水平对工业资源环境压力的影响从围绕"环境库兹涅茨

---

① Sueyoshi T and Goto M，"Efficiency-based rank assessment for electric power industry：A combined use of Data Envelopment Analysis（DEA）and DEA-Discriminant Analysis（DA）"，*Energy Economics*，Vol. 34，No. 3，2012.

② 郭莉等：《基于 SBM-GML 的电力行业环境效率区域差异分析》，《生态经济》2020年第 4 期。

③ 王俊岭、张新社：《中国钢铁工业经济增长、能源消耗与碳排放脱钩分析》，《河北经贸大学学报》2017 年第 4 期。

④ 朱俏俏、孙慧、王士轩：《中国资源型产业及制造业碳排放与工业经济发展的关系》，《中国人口·资源与环境》2014 年第 11 期。

⑤ 王来力等：《我国纺织工业能源消费碳排放与经济发展关系的实证分析》，《东华大学学报》（自然科学版）2013 年第 2 期。

⑥ 左建兵、刘昌明、郑红星：《北京市电力行业用水分析与节水对策》，《给水排水》2008 年第 6 期。

⑦ 姜昳芃、栾维新：《山东石化产业波及效应与工业用水排水情况关系研究》，《生态经济》2012 年第 12 期。

⑧ 杨加猛等：《江苏造纸业经济增长与环境污染关系的实证分析》，《华东经济管理》2014 年第 11 期。

曲线"开始,在废水、SO_2、NO_x 等方面进行了大量的实证研究。有学者认为,CO_2、SO_2、NO_x 等排放与经济发展均呈现倒 U 形关系。[①]受到经济发展阶段的影响,不同国家或地区经济发展与环境污染之间会呈现倒 N 形、波形等多样性关系。有研究认为对于中高及高收入国家,生态足迹与 GDP 增长间存在倒 U 形关系,而对中低收入国家而言,并不存在 EKC 假设检验。[②] 也有学者认为环境库兹涅茨曲线并不存在。[③] 学术界未达成一致的研究结论,这主要是与以下几个方面有关:一是工业发展的资源环境压力的变化是多因素导致的,经济发展水平、产业部门发展、结构变动、布局调整、产业集群建设、技术进步、资源环境政策等对工业资源环境产生的深刻影响。这就导致了工业发展与资源环境的关系具有长期非线性关系;二是"环境 EKC 曲线"是否存在受到选取的资源环境指标和估计方法的影响,不同研究选取的工业发展和资源环境质量指标不同,得到的结果也就不同;三是"环境 EKC 曲线"具有地区、行业和时序限制,不同区域和行业在经济发展和资源环境利用方面存在行业和空间异质性,研究行业选取重工业还是轻工业、研究区域聚焦发达国家还是发展中国家、城市还是省域,研究选取多长的时间范围,研究结论不同在所难免。

二 产业结构

经济成长阶段理论认为,现代经济发展过程也是产业结构转换的过程。在 Grossman 和 Krueger 的经典研究中,经济发展对环境污染的影响可分解为规模效应、结构效应和技术效应。其中,结构效应主要就是指经济结构、产业结构调整变化对环境污染的影响。产业结构的调整引起资源消耗在产业间变动,在这一过程中,提高资源利用率、

---

① Selden T and Song D, "Environmental quality and development: Is there a Kuznets Curve for air pollution?" *Journal of Environmental Economics and Environmental Management*, Vol. 27, 1994.

② Feifei Tana and Zhaohua Lu, "Study on the interaction and relation of society, economy and environment based on PCA-VAR model: As a case study of the Bohai Rim region, China", *Ecological Indicators*, Vol. 48, No. 1.

③ Wang Y, et al., "A disaggregated analysis of the environmental Kuznets Curve for industrial CO_2 emissions in China", *Applied Energy*, Vol. 190, No. 3, 2017.

深化资源循环利用程度、降低单位产出的自然资源消耗可以减少生产污染，反之环境污染就会加剧。① 产业结构升级、能源效率提升以及两者交互项均能有效提升绿色全要素生产率，从而有效缓解环境压力，促进经济绿色增长。产业结构合理化和高级化不仅能提高本地区的生态文明水平，而且还存在明显的空间外溢效应，即对相邻地区的生态文明水平产生影响。三大产业结构内部各产业间的协同性不断提高，结构比也渐趋合理，对生态环境带来的正向影响效应逐步显现；工业结构内部行业中，重化工业发展造成资源的过度消耗和环境的严重污染。

基于不同区域、不同工业发展阶段产业结构演进对资源利用和环境污染的特征进行实证分析。彭建等证实了重工业等高污染产业比例的下降对生态环境产生了明显的正效应。② 邓祥征等认为西部大开发以来，煤炭、石油、天然气、电力等能源工业生产能力在不断向西部地区转移，及时监控和预防产业结构调整和升级带来的污染风险对于西部可持续发展意义重大。③ 董锁成等认为高资源消耗、低经济效益的产业结构及低层次、低效率资源开发利用模式是造成资源型城市环境污染的关键。④ 贾卓等认为随着第二产业总产值占地区生产总值比例的增加，会促进工业污染集聚格局形成，这种促进作用具有空间溢出效应，证明了区域联防联控对环境污染治理的重要性。⑤ 通过产业结构优化可延伸产业链、提高资源利用效率和降低高污染产业在国民经济结构中的比例，能够减少污染排放总量，并抑制工业污染集聚格局形成，是一种环境和经济的双赢政策，尤其在当前应对气候变化、

①　徐增让、成升魁：《不同省区内部煤炭产业流动及资源环境效应》，《经济地理》2009 年第 3 期。

②　彭建：《区域产业结构变化及其生态环境效应——以云南省丽江市为例》，《地理学报》2005 年第 5 期。

③　邓祥征、刘纪远：《中国西部生态脆弱区产业结构调整的污染风险分析》，《中国人口·资源与环境》2012 年第 5 期。

④　董锁成等：《中国资源型城市经济转型问题与战略探索》，《中国人口·资源与环境》2007 年第 5 期。

⑤　贾卓等：《兰州—西宁城市群工业污染集聚格局及其空间效应》，《经济地理》2020 年第 1 期。

节能减排的背景下，调整和优化区域产业结构的重要性和紧迫性越发突出。

三 工业集聚

随着工业集聚程度上升，规模扩大和能耗增加所带来的诸如废水、废气、固体废弃物正逐渐成为环境污染的主要源头。目前而言，工业集聚对资源环境的影响机制多以集聚外部性为理论基础。在研究内容上主要包括集聚与资源环境的空间计量关系，通过构建计量模型检验工业集聚对资源环境的影响，并基于工业集聚的正、负外部性对资源环境的影响，可以得出三种不同的研究结论。一是工业集聚对资源环境压力的推动作用，工业集聚导致的产能扩张、能源消耗及拥挤效应会加剧区域资源环境压力；Virkanen 认为芬兰南部地区工业集聚是造成波及水环境和大气环境重金属污染的主要原因。[1] 蔺雪芹等总结了城市群地区产业集聚的生态环境效应研究进展，认为产业集聚是造成城市群地区水资源短缺、土地占用、大气污染、生物多样性减少等一系列生态环境问题的主要原因之一。[2] 二是工业集聚对资源环境压力的缓解作用。工业集聚产生治污规模效应、技术溢出效应等环境正外部性，提高资源环境利用效率，进而有利于降低区域资源环境压力，工业集聚对资源环境压力的缓解机制还表现为环境治理成本的有效递减。三是工业集聚对资源环境压力的非线性影响，即集聚对资源环境压力影响的不确定性及门槛作用。集聚形式对污染排放强度的影响存在区域和城市规模上的异质性。要进一步降低工业污染，应提高集聚产业的多样化水平，强化产业间的内在关联。

产业集群是产业集聚的高级表现形式之一，产业集群对资源环境效率与压力的影响具有阶段性（见表 2-1）。产业集群是市场机制下经济利益催生的产物，它的发展是不断高级化、生态化的过程。产业集群中企业逐步由传统的"资源—产品—废弃物"的线性方式向"资

---

① Virkanen J, "Effect of urbanization on metal deposition in the bay of Töölönlahti, Southern Finland", *Marine Pollution Bulletin*, Vol. 36, No. 9, 1998.

② 蔺雪芹、方创琳：《城市群地区产业集聚的生态环境效应研究进展》，《地理科学进展》2008 年第 3 期。

源—产品—可再生资源"的循环方式进行生态化发展。一般在产业集群初期，企业之间只是简单在某一地区集中布局，生产技术水平低，彼此之间联系松散、关联度低、产业链简单，几乎没有产业联系和物质循环，因此资源利用率较低，产品生产过程造成较大的资源环境压力。产业集群逐渐演进到中期阶段，人力资本、资金、技术等都有所积累，产业链基本形成，有了初步的物质循环，资源环境效率显著提高，对环境的影响表现为有限的能量与资源耗费和有限的废料排放。随着产业及企业之间前向、后向、侧向产业联系不断加强，生产关系日益网络化，形成了完善的资源利用网络，并且知识和技术发挥了主要作用，资源环境利用效率达到最大化，环境负外部性达到最小。

表 2-1　　　产业集群发展对资源环境效率与压力影响的阶段性

发展阶段	初级阶段	中期阶段	高级阶段
集群结构	产业种类少、关系单调、企业之间链条环节少，属于企业集聚体	产业种类增加，生产链呈线性延长，偶尔发生交叉，形成简单的网络系统	形成复杂网络系统，稳定性和共生性强，内部资金、物质、信息、自然资源流动频繁
生产模式	资源—产品—废物的线性生产模式，注重末端治理为主	资源—产品—副产品部分回收的简单非线性生产模式，注重过程控制和废气物最小化	资源—产品—可再生资源的复杂网络式生产模式，注重系统耦合和优化
环境管制	力度小	环境管制日益严厉	环境管制日益规范化、制度化
技术	技术含量低	技术不断改进	技术成熟、创新性强
资源环境效率	低	较高	高
资源环境压力	资源能源消耗大，废弃物排放多，对环境的压力较大	有限的能量与资源耗费，污染物和废弃物排放受到控制	资源利用得到充分发挥，污染物产生数量的减少，即使有排放也能够成为另一成员的"食物"加以利用

资料来源：顾强（2006）、蔺雪芹（2009）。

四　规模经济

污染治理活动中的规模报酬递增是导致一国或地区环境污染水平

与经济发展水平之间出现倒 U 形关系的本质原因。James 等对减排成本的多尺度分析表明：在国家一级，与较小的经济体相比，经济体量较大的国家平均拥有较大的燃油发电厂和较大的炼油厂；在美国，随着时间推移，各州平均减排成本随着行业规模增加而下降；在企业层面，每单位减排量的大型工业锅炉的成本要低于小型锅炉的控制成本。[①] 中国工业经济增长以及工业比重增加都会促进工业水资源利用量的上升，中国工业规模的扩张以及单位产值污染物排放量的减小是影响中国工业污染物排放量变化的主要因素。工业规模的扩张导致了工业污染物排放量的增长，产污系数的不断降低在一定程度上缓解了规模扩张带来的污染排放增长，全国都因经济规模扩大而造成工业 NO_x 排放量的增加，但也呈现出明显的地域差异，经济发展规模处于较高水平的中东部地区 NO_x 排放量显著增加。对江苏省造纸业主要特征污染物排放的研究表明，随着纸和纸板产量的增加，工业废水、工业废气和工业源 SO_2 排放呈现出 N 形的曲折波动，快速增长的产业规模及其能耗总量是推动江苏造纸业污染物排放重拾升势的主要原因。

五 技术创新

新经济增长模型指出，行业部门的研发投入和知识溢出是行业全要素生产率增长的主要来源。从工业各行业层面来看，各个行业部门的全要素生产率与 R&D 投入存在因果关系；研发作为一种生产要素，不仅影响生产率的增长，而且还影响对传统投入的需求，并受到投入价格和需求水平变化的影响，研发的溢出效应都相当可观。Anderson 指出技术进步对减少空气和水污染等环境损害具有促进作用。[②] 在此基础上，Kumar 等比较了诱导性技术进步和外生性技术进步对电力行业污染物排放的影响。[③] 何小钢实证分析了技术进步对工业行业节能

---

① Andreoni J and Levinson A, "The simple analytics of the environmental Kuznets Curve", NBER Working Papers, Vol. 80, No. 2, 1998.

② Anderson D, "Technical progress and pollution abatement: An economic view of selected technologies and practices", *Environment and Development Economics*, Vol. 6, No. 3, 2001.

③ Kumar S and Managi S, "Environment and productivities in developed and developing countries: The case of carbon dioxide and sulfur dioxide", *Journal of Environmental Management*, Vol. 91, No. 7, 2010.

减排的影响，研究发现技术进步对节能减排具有显著正向影响，其中科技进步的贡献最大。[①] 万伦来等的实证分析表明，企业自主研发和国外技术引进等对中国工业绿色发展具有推动作用。[②] 社会和经济活动对资源环境的影响，受到技术变革速度及其方向的深刻影响。由诱导创新产生的边际减排成本降低是治理污染的最优方式，但在供给缺乏弹性的情况下，任何诱致性创新都必须以其他形式的创新为代价，造成机会成本，这可能会增加污染的风险。在中国中西部的欠发达地区，工业企业自主研发能力不足，多数企业的技术进步只能依靠引进和模仿外部技术，技术创新内生能力严重不足，因此技术创新往往造成更大的资源环境压力。

六　外国直接投资

外国直接投资（FDI）是对外开放的重要内容，其对资源环境的影响形成了两种对立的假说。"污染天堂假说"认为，在其他条件不变的情况下，为降低母国较高的环境补偿成本，发达国家的企业倾向于将污染产业或夕阳产业通过 FDI 转移到环境管制标准相对宽松与污染治理成本相对较低的发展中国家，从而显著恶化了东道国的环境福利。He 采用中国 29 个省际面板数据构建联立方程估计模型，检验了 FDI 对中国环境污染的规模效应、结构效应和技术效应，结果表明外商投资每增加 1% 会造成污染排放增加约 0.1%。[③] 但"污染天堂效应"也有可能只是直觉上的假象。FDI 的"示范效应"则认为跨国公司先进的清洁技术和污染治理技术有利于东道国资源环境效率的提升从而形成东道国的"学习效应"，降低资源环境压力。Liang 认为外商投资的进入有利于优化产业结构，通过产业升级和技术扩散提高中国

① 何小钢、张耀辉：《中国工业碳排放影响因素与 CKC 重组效应——基于 STIRPAT 模型的分行业动态面板数据实证研究》，《中国工业经济》2012 年第 1 期。

② 万伦来、朱琴：《R&D 投入对工业绿色全要素生产率增长的影响——来自中国工业 1999—2010 年的经验数据》，《经济学动态》2013 年第 9 期。

③ Jie He, "Pollution haven hypothesis and environmental impacts of foreign direct investment: The case of industrial emission of sulfur dioxide（SO₂）in Chinese provinces", *Ecological Economics*, Vol. 60, No. 1, 2006.

能源利用效率。[1] 盛斌等基于工业行业面板数据的研究表明，FDI 通过技术引进与扩散带来的正向技术效应超过了负向的规模效应与结构效应，从而在工业总体上和分行业上都有利于减少中国工业的污染排放。[2]

七 资源环境政策

资源环境政策旨在减少资源消耗和治理环境污染，环境规制、地方保护、税收竞争等资源环境政策对工业发展的资源环境压力产生影响。由于环境规制强度的变化、地方政府保护主义以及各地方政府之间税收竞争作用的存在，使其对资源环境压力产生不同方向的影响。

环境规制通过刺激企业进行技术创新产生"创新补偿效应"抵消生产成本，提升全要素生产率增长水平。地区环境政策（或环境质量）改变也会对当地产业政策、产业结构产生一定的"倒逼式"影响。例如，Sabuj 根据对印度水泥工业在州一级的能源利用效率研究证明环境法规除了可以降低较高的污染水平外，还具有对能源使用效率产生积极影响的潜力。[3] Bi 等通过评估中国环境约束前后火力电力行业的能源环境效率，证明环境约束对提升环境效率和能源效率正向作用。[4] 钟茂初等研究认为地区环境规制强度较高时，才能对产业结构升级产生积极的影响。[5]

地方保护主义在一定程度上影响企业的治污意愿，是缓解资源环境压力、实现生态环境保护的巨大障碍。经济学领域对地方保护主义的成因已经做了比较深入的研究。出于经济产出、税收收入、政绩提

---

① Feng L，"Does foreign direct investment harm the host country's environment？Evidence from China"，*Current Topics in Management*，Vol. 17，No. 12，2014.

② 盛斌、吕越：《外国直接投资对中国环境的影响——来自工业行业面板数据的实证研究》，《中国社会科学》2012 年第 5 期。

③ Mandal S K，"Do undesirable output and environmental regulation matter in energy efficiency analysis？Evidence from Indian cement industry"，*Energy Policy*，Vol. 38，No. 10，2010.

④ Bi G B，et al.，"Does environmental regulation affect energy efficiency in China's thermal power generation？Empirical evidence from a slacks-based DEA model"，*Energy Policy*，Vol. 66，No. 3，2014.

⑤ 钟茂初、李梦洁、杜威剑：《环境规制能否倒逼产业结构调整——基于中国省际面板数据的实证检验》，《中国人口·资源与环境》2015 年第 8 期。

升和官员晋升等的考虑，政府对本地产业和市场产生保护意愿。企业实行排污控制会导致企业经济产出的减少，因此地方政府缺乏排污控制的激励，形成了企业排污控制中地方的保护主义。

税收竞争对资源环境压力的影响产生相反的观点。一部分学者肯定税收竞争会加剧地区资源环境压力，主要是考虑本地税率降低会导致地区资源消耗和污染排放规模增加。Cumberland 提出了"趋劣竞争"概念，认为为吸引外资和防止本地资源外流，地方政府会实施更低的环境标准和环境准入门槛，这一行为降低了企业的边际成本，导致了资源环境恶化。① 相邻行政辖区竞争性的资源环境政策在很大程度上影响了双方的节能减排水平。持相反态度的学者则认为税收竞争可以减轻资源环境压力。伴随着地方政府不断降低税负，提高税收竞争程度，显著抑制工业污染排放。Woods 对比了美国《清洁空气法案》实施前后的大气污染情况，发现若地方政府以辖区内居民福利最大化为目标，则会出现"趋优竞争"现象，政府税收竞争有利于相邻行政地区环境质量优化。②

第五节　工业发展的资源环境压力研究方法

一　工业发展的资源环境压力测度方法

工业发展的资源环境压力测度方法从单要素测算方法向多要素测算方法转变。工业发展的资源环境压力单要素测算方法以工业资源单要素消耗量、工业单一污染物排放量、比值法为主。工业污染物排放也可以采用实测法，利用环境监测站收集的污染物排放浓度、流速、流量等指标测度工业发展的环境压力。这种方法的优点是测算数据实时性高，测算结果准确度高，缺点在于对数据样本代表性要求高，数

---

① Cumberland J H, "Efficiency and equity in interregional environmental management", *Review of Regional Studies*, Vol. 10, No. 2, 1981.

② Woods N D and Potoski M, "Environmental federalism revisited: Second-order devolution in air quality regulation", *Review of Policy Research*, Vol. 27, No. 6, 2010.

据运行量大，可操作性低，经济性低。比值分析方法采用某一资源单要素消耗量/工业产值，污染物排放量/工业产值或者污染物排放量/能源消耗量。该方法计算方法简便，但是缺少对生产过程中其他要素投入的考虑，忽略了大量在经济上有价值的资源和环境的投入及消耗。

工业发展的资源环境压力全要素研究中用到的数据方法包括数据标准化处理、层次分析法（AHP）、熵值法、线性加权求和法、逼近理想解排序法（TOPSIS 法）、驱动力—压力—状态—影响—响应模型（DPSIR 模型）。

线性加权法和 TOPSIS 法是工业发展的资源环境压力综合要素测度中最常用到的加权方法。线性加权求和法按各目标的重要性赋予它相应的权系数，然后将各目标的权系数与标准化值乘积进行总和。TOPSIS 法根据评价对象与理想化目标的接近程度进行排序，对指标没有严格的限制，数据计算简单易行，评价结果可以反映评价目标的相对接近度。

1992 年，经济合作与开发组织（OECD）与联合国环境规划署（UNEP）共同提出了环境指标的压力—状态—响应概念模型（Tong C，2000）。1998 年，EUROSTAT 和 EEA 将驱动力和影响纳入 PSR 模型中，进一步提出了驱动力—压力—状态—影响—响应（DPSIR）模型。PSR 模型及其扩展模型常用于自然、经济、社会综合指标体系的构建中，工业发展的资源环境压力只是这一模型中的一部分，在单独的工业发展的资源环境压力测算中较少用到这一方法。

梳理工业能源及环境效率的相关研究发现，全要素视角下工业资源环境效率是现在的主要研究方向。研究方法主要包括数据包络分析方法（Data Envelopment Analysis，DEA）、随机前沿分析法（Stochastic Frontier Approach，SFA）、投入产出法（Input-output Method）、生命周期法（Life Cycle Assessment，LCA）、多准则决策模型（Multiple-criteria Decision Making，MCDM）、生态足迹（Ecological Footprint，EF）、能值分析（Emergy）等研究方法。

生命周期法用于量化分析资源、能源转化为最终产品的过程中对资源环境产生的影响，是对环境能源绩效最为细致的方法之一，因此也被称为从"摇篮"到"坟墓"的分析方法。易娅娅等从定性研究的角度出发，运用 LCA 对闭环供应链流程中的资源、能源消耗和废弃物排放进行分析，以此为基础建立了环境效率评价公式。生命周期法存在的问题是核算单位不统一、物质集成技术不完善和忽视了能量流。

随着研究的深入，SFA 和 DEA 逐渐成为资源环境效率研究领域的主流。SFA 通过比较研究目标实际产出与理想最优产出之间的差距反映其综合效率。Reinhard 等在荷兰奶牛场的技术和环境效率评估过程中采用 SFA 将氮盈余视为单一投入变量。[1] Filippini 等通过 SFA 模型评价了 29 个经合组织国家与美国的能源环境效率。[2] 杨冕等运用基于超越对数生产函数的 SFA 模型测度了中国省级行政单元的工业污染治理效率。[3] SFA 受制于单一产出的问题，不适用于处理非期望产出的情况。当投入指标过多时，指标间的相关关系，也会对结果的可靠性产生影响。

DEA 方法是目前测度工业资源环境效率最常用的方法之一。DEA 方法根据多项投入指标和多项产出指标，利用线性规划方法，对具有可比性的研究单元进行评价。DEA 方法解决了 SFA 方法中的单一产出问题，可以将产出指标分为期望产出和非期望产出。从 1978 年 Charnes 提出该模型至今的 40 余年，众多学者研究并完善了这一模型的理论基础，并在应用领域进行了拓展。DEA 方法最初的经典模型包括 CCR 模型、BCC 模型和 SBM 模型，其中 SBM 模型是非径向距离函数。为解决实际运用中模型限定条件与现实情况难以吻合的问题，学者们在基础模型上不断改进，衍生出超效率 DEA 模型。为进一步研

① Reinhard S and Lovell C A K, Thijssen, "Environmental efficiency with multiple environmentally detrimental variables: Estimated with SAF and DEA", *European Journal of Operational Research*, Vol. 121, No. 2, 2000.

② Filippini M and Hunt L C, "Energy demand and energy efficiency in the OECD countries: A stochastic demand frontier approach", *The Energy Journal*, Vol. 32, No. 2, 2011.

③ 杨冕、晏兴红、李强谊：《环境规制对中国工业污染治理效率的影响研究》，《中国人口·资源与环境》2020 年第 9 期。

究目标单元的内部运行机制，学者提出了网络 DEA 框架，其中具有
代表性的模型为两阶段 DEA 方法和三阶段 DEA 方法。

20 世纪 30 年代，Leontief 在研究美国环境污染时提出了投入产出
模型。投入产出法利用投入产出表将研究要素分解为产业部门的排放
系数、投入产出系数、最终消费比例以及总产值等因子的乘积，然后
计算投入产出系数。这种方法能够有效测算产业链上的隐含污染物，
成为研究隐含污染物的主流方法。Wyckoff 测算了 6 个 OECD 国家的
制造业碳排放效率。[①] Mongelli 等基于投入产出模型测算了意大利能源
效率。[②] Liu 等测算了中国工业部门的隐含能耗。[③] 王连芬引入投入产
出分析方法测算了中国工业行业环境效率。[④]

此外，生态足迹和能值分析用于区域资源环境、经济、社会发展
方面的综合生态效益和经济效益，较少用于工业资源环境效率测算。

二 工业发展的资源环境压力空间差异分析方法

工业发展的资源环境压力空间差异分析方法从传统数理统计差异
程度测量向地理模型空间分异方法转变。传统数理统计中测度不同区
域工业发展的资源环境压力差异程度采用变异系数、基尼系数、泰尔
指数、区位熵等方法。基尼系数和泰尔指数最初用于衡量国家或地区
居民收入差距或者不平等度。1922 年，意大利经济学家 Corrado Gini
提出了基尼系数，测量有三种方法：几何法、协方差法以及矩阵法。[⑤]
泰尔指数则用来衡量一组经济指标在不同时间、区域和层次范围内的
差异。与基尼系数相比，泰尔指数在估计区域差异时，可将区域总体

① Wyckoff A W and Roop M J, "The embodiment of carbon in imports of manufactured products", *Energy Policy*, Vol. 22, No. 3, 1994.

② Mongelli I and Tassielli G and Notarnicola B, "Global warming agreements, international trade and energy/carbon embodiments: An input-output approach to the Italian case", *Energy Policy*, Vol. 34, No. 1, 2006.

③ Liu Z, et al., "Embodied energy use in China's industrial sectors", *Energy policy*, Vol. 49, No. 10, 2012.

④ 王连芬、温佳丽：《最终需求侧中国工业环境效率测算及影响因素分解》，《工业技术经济》2016 年第 3 期。

⑤ 孟德友、陆玉麒：《基于基尼系数的河南县域经济差异产业分解》，《经济地理》2011 年第 5 期。

差异分解为区域间差异和区域内差异两部分，并测算其对各自总差异的贡献率，解析出总体差异的主要来源。[①]

地理相关模型（Geo-relational Model）通过二进制坐标串表示几何信息，以关系数据库描述属性信息，并通过地理对象 ID 来连接形成空间数据模型，使得研究要素的空间分异在地图上有更直观明晰的表达。工业发展的资源环境压力空间分异研究常用的探索性空间数据分析（ESDA）、核密度分析属于地理相关模型的一种，是制图和传统数理统计的强化和补充，可以发现数据的空间分布模式、趋势、过程，揭示空间现象与空间模式的形成机理。空间自相关衡量要素的相似性，既考虑空间位置，又考虑属性值；高低聚类方法和热点分析方法都用于分析研究单元与相邻区域高值区和低值区的集聚程度。标准差椭圆模型同归对比不同时向的同类要素的分布变化，提炼要素离散的空间趋势。这些地理相关模型可依托 Arcgis、Geoda 等软件进行可视化呈现。也有学者采用马尔科夫链模型测算工业发展的资源环境压力和效率在区域间收敛或发散过程中的分布动态。

三　工业发展的资源环境压力影响因素分析方法

工业发展的资源环境压力影响因素分析方法从传统计量模型向空间计量模型转变。第一，研究工业发展与资源环境压力之间关系主要用到环境 EKC 曲线、脱钩模型、耦合协调模型等。第二，将工业发展的资源环境压力按各种因素进行分解，分析其变动中的结构效应、技术进步效应、规模效应等，最常使的因素分解方法包括：指数分解法（IDA）和结构分解法（SDA）。第三，在因素分解方法的基础上，将计量模型应用于资源环境压力的影响分析之中，包括 Logistic 模型、灰色关联方法、GMM 分析、STIRPAT 模型。第四，空间计量模型在工业发展资源环境压力影响因素中的应用，包括空间滞后模型、空间误差模型、空间杜宾模型。

（1）脱钩模型和耦合协调模型

EKC 假说认为经济增长与资源环境之间存在非线性关系，但不能

---

① Theil H，*Economics and Information Theory*，North Holland：Amsterdam，1967.

揭示二者在发展过程中的同步性或者滞后性。脱钩模型则解释了经济增长与资源环境压力之间同步变化的关联性。"脱钩"一词起源于物理学领域，Kraft 首次提出能源消费与总产出的脱钩关系。[①] 2002 年 OECD 用脱钩理论研究成员国经济增长和环境污染的脱钩状态，之后广泛应用于资源环境方面的研究。脱钩理论能够有效识别经济发展与资源环境二者之间矛盾关系演化的具体阶段及实时动态信息。在工业发展的资源环境的实证研究领域，马丽等运用脱钩模型分析了东北地区工业产值与工业 SO_2 排放之间的动态耦合关系和空间格局。[②] 任嘉敏等运用脱钩指数研究了吉林省工业增长和工业大气污染之间脱钩状态的空间演变趋势。[③] 马海良等建立了工业用水和城镇化的脱钩模型，并以长江经济带为案例地进行了实证分析。[④]

脱钩模型只能运用经济发展与资源环境的单一指标进行分析，分析可能存在不充分性。学者借鉴物理学耦合和协调发展度的概念，采用复合指标，对经济系统和资源环境系统的协调关系进行了研究。廖重斌利用数理统计中变异系数和协调系数的概念和性质提出经济与环境耦合协调发展模型。[⑤] 这种方法简便易行，得到了国内许多学者的认可，并在实证研究中得到广泛应用。由于耦合协调度模型指标的复合性，因此这一模型在经济—资源—环境—社会的综合领域应用较多，工业资源环境研究领域成果较少。丁显有等运用耦合协调模型研究了长三角城市群工业绿色创新协同效应。[⑥] 冯俊华等研究了 16 个重

① Kraft J and Kraft A, "On the relationship between energy and GNP", *Journal of Energy Development*, No. 3, 1978.

② 马丽、张博、杨宇：《东北地区产业发展与工业 SO_2 排放的时空耦合效应研究》，《地理科学》2016 年第 9 期。

③ 任嘉敏、马延吉：《吉林省工业增长与工业大气污染脱钩关系的时空演变》，《中国科学院大学学报》2019 年第 1 期。

④ 马海良、姜明栋、侯雅如：《长江经济带城镇化对工业用水的脱钩研究——基于"十一五"和"十二五"时期的对比分析》，《长江流域资源与环境》2018 年第 8 期。

⑤ 廖重斌：《环境与经济协调发展的定量评判及其分类体系：以珠江三角洲城市群为例》，《热带地理》1999 年第 2 期。

⑥ 丁显有、肖雯、田泽：《长三角城市群工业绿色创新发展效率及其协同效应研究》，《工业技术经济》2019 年第 7 期。

污染工业企业生态效率与技术创新耦合协调效应。[①]

（2）因素分解方法

国内外学者普遍认为经济增长通过规模效应、技术效应和结构效应对资源环境产生影响，因素分解法成为探讨这三种效应对资源环境影响的重要方法。根据分解原理，因素分解法可分为指数分解法（IDA）和结构分解法（SDA）。

指数分解法起初用于经济问题研究，随着全球气候变化等一系列资源环境问题加剧，逐步应用于能源消耗、环境污染研究领域。常见的指数分解法包括 Paasche（帕氏）指数分解法、Divisia（迪氏）指数分解法、Malmquist–Luenberger 生产率指数（ML 生产率指数）和 Laspeyres（拉式）指数分解法等。其中，Divisia 指数分解法、ML 生产率指数和 Laspeyres 指数分解法最为常用。Lorna 等利用 Divisia 指数分解法将 10 个经合组织国家制造业总碳强度的变化进行分解，认为能源平均要素生产率的提高可以有效降低碳排放强度。[②] Divisia 指数分解法存在分解残差项的问题，因此，Zhang 等提出修正 Laspeyres 指数分解法，并应用于能源与环境分解分析。[③] 对数均值 Divisia 指数分解法（LMDI 方法）、取算术平均值（LMDII）、取对数平均值（LMDI-II）等类似方法，在实现残差项完全分解的同时也解决零值问题且计算方便，目前在工业环境污染、工业碳排放、工业废水排放、工业能源消费等领域应用广泛。Chung 提出的 ML 生产率指数，采用持续的时间序列数据，将 Malmquist 生产率和方向距离函数结合，对效率进行分解，得出资源环境效率的主要贡献因素，解决了 DEA 模型只能

---

① 冯俊华、臧倩文：《重污染工业企业生态效率与技术创新耦合协调效应及影响因素研究》，《生态经济》2020 年第 9 期。

② Lorna A et al. , "Decomposition of aggregate carbon intensity for the manufacturing sector: Comparison of declining trends from 10 OECD countries for the period 1971–1991", *Energy Economics*, Vol. 20, No. 1, 1998.

③ Zhang F Q and Ang B W, "Methodological issues in cross-country/region decomposition of energy and environment indicators", *Energy Economics*, Vol. 23, No. 2, 2001.

对测度研究单元静态时间截面资源环境效率的问题。[1]

结构分解法（SDA）是基于投入产出表的比较静态分析方法，可以对研究目标的时间变化或者地区差异进行因素分解，计算各影响因素变动或差异对研究目标变化的贡献值和贡献率。自 20 世纪 70 年代以来，为研究资源环境问题的影响因素，基于投入产出方法的结构分解分析技术被大量用于分析能源和环境问题。马晓微等基于 SDA 方法将能源强度分解为结构效应和效率效应。[2] 耿强等采用 SDA 方法全面计算了强度效应、技术效应、国别效应、规模效应、结构效应以及人口效应对工业虚拟水贸易变化的影响。[3] 鹿晨昱等将以污染物为表征的环境压力分解为人口、经济、技术 3 种驱动因素的影响。[4]

（3）EKC 模型和 STIRPAT 模型

随着研究不断深入，学者们进一步探讨资源环境压力因素分解中间变量间的关系，并对传统模型进行扩展，最为典型的就是环境 EKC 曲线和 STIRPAT 模型 STIRPAT（Stochastic Impacts by Regression on Population，Affluence and Technology）。

根据环境 EKC 曲线理论所产生的计量模型有两大类，一类是基于时间序列数据分析的模型，另一类是基于面板数据分析的模型。基于时间序列数据分析的 EKC 模型最具代表性的是三次多项式数关系，也是常用的计量模型。Friedl 采用三次多项式函数检验了奥地利1960—1999 年二氧化碳排放量与国内生产总值的 N 形关系。[5] 面板数据凭借其相对传统截面数据和时序数据的优势，在分析技术日益成熟之下，受到越来越多的重视和应用，通常与 STIRPAT 模型相结合进行

① Chung Y H H and Färe，R and Grosskopf S，"Productivity and undesirable outputs：A directional distance function approach"，*Microeconomics*，Vol. 51，No. 3，1997.

② 马晓微等：《中国产业结构变化对能源强度的影响》，《资源科学》2017 年第 12 期。

③ 耿强、李希博：《中国工业贸易的资源环境效应再检验——基于水资源投入—产出模型的分析视角》，《产业经济研究》2018 年第 1 期。

④ 鹿晨昱等：《庆阳市污染型环境压力的变化趋势及其驱动因素分析》，《干旱区地理》2015 年第 3 期。

⑤ Friedl B and Getzner M，"Determinants of CO2 emissions in a small open economy"，*Ecological Economics*，Vol. 45，No. 1，2003.

相关研究。何小钢等详细考察了 2000—2009 年中国工业 CO_2 库兹涅茨曲线（CKC）的类型及成因，认为 CO_2 排放与经济增长在倒 U 形走势之后又形成拐点，出现"重组"现象。

STIRPAT 模型以 Erlich 和 Holdren 提出 IPAT 模型为基础，I、P、A、T 分别代表环境压力、人口规模、富裕程度和技术水平。Waggoner 在传统 IPAT 模型的基础上将 T 分解为强度（C）和效率（T）纳入，得到 ImPACT 模型。[1] 为了克服变量之间线性等比的缺陷，Dietz 等改进了 IPAT 模型，建立了 STIRPAT 模型，使得变量值随观测单元的变化而变化。[2] 目前，工业资源环境研究领域的研究是在 STIRPAT 模型的基础上进行改进，加入技术水平、城镇化、产业政策等其他控制变量开展实证研究。

（4）空间计量模型的应用

以上传统回归方法都是线性或非线性变量相互关系的测度方法，适用于研究单元时序层面的研究。资源环境要素和经济要素存在明显的空间相关性，传统回归方法的局限性就在于无法度量研究单元之间的空间联系性和空间溢出效应。因此，学者开始采用空间计量模型研究资源环境压力的影响因素。常用的空间计量模型包括地理加权回归模型（Geographically Weighted Regression，GWR）、空间滞后模型（Spatial Lag Model，SLM）、空间误差模型（Spatial Error Model，SEM）、空间杜宾模型（Spatial Dubin Model，SDM）。这些模型最大特点是建立一个空间权重矩阵，将个体的区位、距离等信息融入模型中，系统考虑了个体之间的相关性、误差冲击、指标的空间集聚、离散等特点。

起初学者们围绕截面数据（Cross-sectional Data）进行的研究，采用 GWR、SLM、SEM、SDM 等模型对工业发展的资源环境压力影响因素进行研究。面板数据信息量较大，不仅包含截面数据的个体差异

---

① Waggoner P E, "Agricultural technology and its societal implications", *Technology in Society*, Vol. 26, No. 4, 2004.

② Dietz T and Rosa E A, "Effects of population and affluence on CO_2 emissions", *Proceedings of the National Academy of Sciences of the United States of America*, Vol. 94, No. 1, 1997.

信息，还包含来自时间维度的动态变化信息。[①] 随着空间计量经济学对空间面板数据模型（Panel Data）的探索，空间面板数据模型成为近年来工业发展的资源环境压力影响因素中使用最多的方法之一。相关模型包括空间滞后面板模型、空间误差面板模型、空间杜宾面板模型。在这些模型中，由于自变量的内生性，OLS 估计存在误差，因此，最大似然估计（ML）成为主流的估计方法，此外工具变量法（IV）、广义矩阵估计（GMM）也受到理论界的重视。在实证中，学者们采用空间计量模型对省域、城市群、城市等不同尺度的工业能源环境效率、工业用地区域差异、环境技术效率等做了详细研究。

第六节　研究进展评述

已有研究对工业发展的资源环境压力问题开展了一系列理论探讨与实证分析，基本形成了相对完善的理论方法和应用体系，对支撑中国资源环境综合利用和可持续发展起到了非常积极的作用。围绕工业生产的重要资源消耗如土地资源、能源、水资源等，以及主要工业污染物排放如 SO_2、烟（粉）尘、水污染物、固体废弃物、碳排放等，相关研究计算和测度工业资源环境单要素和综合要素压力和效率，分析其演化特征。重化工业、矿业、电力工业、水泥生产、造纸业等资源密集或污染密集型产业水资源、能源、矿产资源、用地等资源消耗和水污染物、烟（粉）尘、SO_2、氮氧化物以及 PM2.5 等大气污染物排放特征的研究也受到关注。相关研究区域包括全国层面、京津冀、长三角等重点区域、省域层面以及地级市等不同尺度典型区域。工业资源消耗和环境污染排放的影响因素研究方面，学者们认为生产规模、产业集聚、结构演进、外商投资、环境监管等产生显著影响，但对影响方向和作用强度没有形成统一观点。

---

① 姜磊、柏玲：《空间面板模型的进展：一篇文献综述》《广西财经学院学报》2014年第6期。

工业发展的资源环境压力与效率问题受到普遍关注，但也存在比较大的瓶颈，相关概念仍未统一，计算方法有待完善，对理论研究还存在比较大的争议。

第一，理论体系有待完善。目前，学者们从概念与内涵、构成要素与主要特征、理论依据与框架体系等多方面对资源环境压力进行了大量的研究，研究成果主要借鉴了经济学、物理学、资源环境学的研究成果。而基于地理学视角的工业发展与资源环境关系的理论体系构建仍属于起步阶段，且多是借助国外理论模型的实证研究，理论构建对实证研究的指导性可能并不符合中国国情。

第二，研究方法有待丰富。国外研究注重定量研究方法的开发与改进，国内研究注重工业发展的资源环境压力测算指标体系的构建。从单一的静态定量分析方法到动态定量分析方法大多从国外经济学、物理学领域引进，这些方法还存在着一些不足，例如模型过于简化会影响评价结果的准确性，模型过于复杂则使得变量不易掌握，影响使用的可行性。并且忽略了地理事件和地理要素的空间联系，不利于揭示地理事件发生的本质。国内研究注重的指标体系构建也并未形成统一的认知和标准，学者们尽可能全面罗列工业、资源、环境系统的指标，涉及范围广、覆盖面大，但是忽略了工业发展的空间异质性和行业异质性，导致指标选取缺乏针对性。

第三，实证研究有待深化。目前，以工业资源环境为主题的实证研究主要以"空间差异""二者关系验证""影响因素探析"为主。对"空间差异"的研究多以横向比较为主，缺乏纵向的空间演变特征总结。对"二者关系验证"仍以"环境 EKC 曲线"为主，指标选取单一（经济指标多为"GDP"或"工业产值"，环境指标多为单一污染物），忽略经济发展阶段，缺乏对资源环境综合要素的规律性总结。对"影响因素"的分析多为规模、结构和技术效应的分解，资源环境压力作为建立工业与资源环境关系最为直接的途径，对资源环境压力在工业增长、物质减量以及改善环境压力中的作用机制和相互关系的研究较少，更加缺乏尺度之间的横向比较，需进一步探讨工业发展阶段、规模、集聚等因素对工业发展的资源环境压力的作用方式、作用强度、作用机制及其尺度效应。

第四，研究尺度有待拓展。人地关系系统在不同空间尺度上呈现多样性和灵活性，空间尺度和行业尺度的研究在于全面客观地揭示工业发展的资源环境压力演变机理和影响因素。目前国内外研究难以做到空间和行业兼顾，集中在单一空间尺度的多行业或多空间尺度的单一行业研究。国外相关研究主要以国家为尺度，且多集中在发达国家，事实上，发展中国家及欠发达国家工业化步伐的加快也需要研究者厘清工业发展与资源环境在这些国家的演变规律。国内相关研究主要以全国层面、省域、城市等中观、宏观尺度上工业资源环境密集区为主。城市群作为工业化、城市化进程中区域空间形态的最高组织形式，其内部更微观尺度的工业发展的资源环境压力空间演化规律及作用机制研究更需要受到关注。在行业尺度上，典型工业行业资源消耗、环境污染的研究较少且主要集中在经济发达的东南沿海省份，不利于工业行业资源环境压力的规律性总结。

针对已有研究对工业发展的资源环境压力问题开展的一系列理论探讨与实证分析以及存在的问题，未来仍可以在以下几个方面进行深化研究。

第一，丰富相关理论研究。目前已有的研究对资源环境压力与资源环境效率的概念、内涵及评价等领域研究较多，应用层面广泛，但对较少涉及系统完整的理论体系构建。工业系统与资源环境系统是复杂性、流动性与扩散性相互交织的复合系统，现有研究中，工业增长需要综合考虑环境负外部性、生态系统服务价值和空间集聚特征，资源消耗和环境污染需要考虑资源的区域交换和环境污染的空间溢出与扩散。未来研究应将地理学的立体思维方式融入现有的理论框架，基于近程和远程耦合理念，对工业发展和资源环境的交互作用进行综合研究。

第二，丰富工业发展的资源环境压力的驱动因素、机制探索和优化路径研究。目前资源环境压力为对象的研究多停留于概念—评价—空间演化—影响因素分析。资源环境压力、效率、工业增长三者关系的关注度稍显欠缺。目前对引起资源环境问题的"前向"驱动因子以及"后向"优化路径研究相对薄弱。工业发展引起的资源环境问题归根结底需要通过对目前经济发展阶段中工业结构、规模、布局的调整来解决，辨析这些因素是否对资源环境压力产生影响，作用方式如何尤为重要。国内外研究学者对资源环境压力与人均 GDP 之间的 EKC 曲线进行了丰富的论证，但是较少关注资源环境压力与工业经济增长之间关系的验证。因此，可尝试通过理论关联与对比，探讨二者相互关系，可能会发现一些有价值的结论。

第三，丰富多尺度、多类型的工业发展的资源环境压力研究。由于地理时空尺度转换和地理背景的差异性等内外部因素的影响，相关研究得出不同的结果。因此，在相关理论和实证研究中，应综合嵌套多空间尺度和多行业尺度的资源环境压力测算与空间演化规律需要重点关注，既要全面考虑工业结构的影响，又要有较大的可行性。

第三章　工业发展的资源环境压力
理论基础与演化机制

本章首先对工业、工业发展的资源环境压力进行概念解析；其次，阐述工业发展的资源环境压力相关理论基础；再次，深入解析工业规模、工业结构、工业集聚、工业技术创新、外商投资、环境规制等因素对工业发展的资源环境压力的影响；最后，总结工业发展的资源环境压力阶段性演变规律和作用机制。

第一节　基本概念解析

一　工业

工业的分类有不同的方法和标准，经常采用的分类方法可以按照部门、性质、主导因素、工业投入分类。按照产品性质可将工业分为轻工业和重工业。按照主导因素可将工业分为原料导向型、市场导向型、动力导向型、劳动力导向型、技术导向型。按工业投入可将工业划分为劳动密集型、资本（资金）密集型、技术密集型工业。本研究所指的工业是根据《国民经济行业分类》中对国民经济行业门类的分类，包括采矿业、制造业和电力、燃气及水的生产供应业在内的广义工业。不同工业门类对资源环境的影响范围、方式、强度有所差异（见表3-1）。

二　工业发展的资源环境压力

压力是物理学中的概念，是指直接或间接垂直作用于流体或同体界面上的力。将此概念引用于生态系统，产生了"生态压力""生态

表 3-1　　　　　　　不同工业门类对资源环境的影响

产业类型	影响范围	影响方式	影响强度
采矿业	水土流失、植被和土壤结构破坏、荒漠化、局部气候变异、污染水源	矿山开采、废弃物堆积、生产建筑、地面挖损	较强
制造业	土地占用、资源能耗、三废排放、环境污染、生态系统破坏、生物多样性降低、温室效应	厂房建设、产品生产	强烈
电力燃气及水的生产和供应业	废气排放、酸雨、温室效应、水源污染、水土流失、生境破坏、地震	煤炭燃烧、灰渣堆放、煤气生产、水库建设	较强

资料来源：蔺雪芹（2009）。

环境压力""资源环境压力"等词，本质其实是对资源消耗和环境污染的表达形式，表示经济社会发展过程对资源需求和环境破坏的程度，压力值越大，资源环境面临的压力越大。

工业生产投入端的资源消耗和产出端的环境污染构成了工业发展的资源环境压力，二者之间联系紧密，工业发展的环境压力是工业生产资源投入不可避免的附加品。在不同的工业发展阶段，工业资源投入和环境产出的变化特征各异，工业发展的资源压力和环境压力呈现不同的演变趋势，因此，本研究将工业发展的资源环境压力分解为工业发展的资源压力和工业发展的环境压力，分别论述工业发展的资源压力和环境压力的时空演化特征与影响机制，然后对比二者的演化机制，以对中国工业发展的资源环境压力有更为清晰的认识。

工业发展的资源压力可理解为工业发展过程中所消耗的能源资源、土地资源、水资源。本研究中工业发展的资源压力包括土地压力、用电压力、用水压力、能源消耗的总体规模。

工业发展的环境压力是工业生产排放的有害物质对大气、水质、土壤等造成污染的集中体现。根据有害物质形态不同，工业生产的污染物包括废水、废气、固体废弃物。本研究中工业发展的环境压力主要包括工业废气、烟（粉）尘、废水等工业污染物排放的总体规模。

第二节 相关理论基础

一 人地关系地域系统理论

1979—2008 年，吴传钧先生提出并丰富了人地关系地域系统理论，这一理论成为地理学核心研究的重要基石。人地关系系统以地球表层一定地域为基础，是"人"与"地"在特定地域中相互联系、相互作用的一种动态结构。人类社会和地理环境系统按照一定规律交织在一起，交错构成复杂具有一定结构和功能的人地关系地域系统。[①]它研究的总目标是为探求系统内各要素相互作用及系统的整体行为与调控机理。从空间结构、时间过程、组织序变、整体效应、协同互补等方面去认识和寻求全球、全国或区域的人地关系系统整体优化、综合平衡及有效调控的机理。地域功能性、系统结构化、时空变异有序过程，以及人地系统效应的差异性及可调控性，是该理论的精髓。[②]随着社会文明的发展、社会生产力的提高以及人类开发利用自然过程的演进，人类作用于自然环境的强度和范围愈来愈大，因而愈来愈强烈地改变着自然结构和社会经济结构，在人地关系地域系统中，每一个要素的变化都可能引起其他要素或整个系统的变化。[③]

人类社会出现的全球、国家和地区性资源短缺危机与生态环境破坏互相交织在一起，也都是由于地球表层系统范围内要素及其相互作用的变化引起的。人地关系地域系统理论为分析工业发展的资源环境压力的影响机制提供了理论基础。工业资源环境系统是人地关系地域系统的一部分，在这个复杂的系统中，人始终占据主导地位。工业发展与资源环境的矛盾反映了"人""地"关系之间的不协调，这要求

---

① 吴传钧：《论地理学的研究核心——人地关系地域系统》，《经济地理》1991 年第3 期。

② 樊杰：《"人地关系地域系统"是综合研究地理格局形成与演变规律的理论基石》，《地理学报》2018 年第 4 期。

③ 陆大道：《关于地理学的"人—地系统"理论研究》，《地理研究》2002 年第 2 期。

人们反思现有的经济发展方式，转变传统的高消耗、高污染发展模式，推动人地关系趋于协调，促进人类与自然和谐共生。

二　可持续发展理论

从 1962 年《寂静的春天》到 1972 年《只有一个地球》《增长的极限》，片面追求经济增长带来的发展无序问题越来越受到人们的关注，发展经济与保护资源环境和谐发展的理念开始深入人心。可持续发展理论在这一背景下发展衍生，1978 年，可持续发展这一概念被国际环境和发展委员会正式使用。1987 年，在《我们共同的未来》中，可持续发展被定义为"可持续发展既要满足当代人发展的需要而又不危及后代人满足他们需要的能力"。从定义中，可持续发展的内涵可以分解为三个方面：第一，需求性——提高和改善人类的生活质量。人类经济社会发展对资源环境要素的需求以提高和改善人类的生活质量为最终目标。这里人类的生活质量不仅包含当代人的需要，还包括子孙后代的利益。第二，有限性——地球的负载能力和所能提供的资源是有限的。资源环境的可继续性是人类可持续发展的前提，资源供应和环境容量是有限的，这就提示我们，人类经济社会发展的速度和规模必须维持在资源环境承载能力的容许范围内，这样才能够保障经济—社会—资源—环境之间的协调可持续发展。第三，协调性——经济社会发展的合理规模和资源环境的优化配置。经济社会的合理有序发展是实现可持续发展的重要手段，可持续发展的鼓励的协调性需要通过经济增长带来产业结构优化、技术进步等以加强资源环境保护的投资，提高资源环境效率，降低资源消耗和环境污染，促进循环经济和生态经济发展。工业化大生产带来的经济高速增长以资源大量消耗和环境严重污染为代价，这种发展方式的不可持续性的转变从时间序列、代际关系和空间范围上来讲，需要长时期、多代人、多国家多地区的协作配合。

三　环境库兹涅茨理论

1955 年，美国经济学家西蒙·史密斯·库兹涅茨提出了库兹涅茨曲线假说（Kuznets Curve），这一假说最初应用于研究收入分配状况与经济发展之间的变化关系。20 世纪 60 年代末，国际学术界开展了经济发展水平与资源环境关系的理论研究，讨论的焦点从经济增长的极限问题向经济—资源—环境协调发展过渡。20 世纪 90 年代，Grossman 和 Krueger 提出了著名的"环境库兹涅茨曲线假说"，认为环境污染与经济增长之间呈现倒 U 形关系。自此，引发了学界的广泛讨论，研究者从环境经济学、可持续发展等角度实证研究能源消费、污染物排放与经济增长的关系。[1] 环境库兹涅茨曲线假说为工业发展引起的资源环境压力变化曲线提供了由上升到降低转变的"生态门槛"。在工业化初始阶段、工业化快速发展阶段以及后工业化阶段，工业发展所带来的资源消耗、环境污染规模及增长速度不同。工业发展与资源环境之间的矛盾关系会在工业化的某个时期发生转变。同时，市场机制、环境政策法规、产业结构转变等外部综合作用会影响工业发展的资源环境压力达到转换点的速度，人们对环境质量的高要求、环境规制提高、市场机制完善、产业结构升级、新技术应用等都有可能加速工业发展的资源环境压力由增加向降低转换的"拐点"。

四 外部性理论

19 世纪末 20 世纪初，外部性理论逐渐在经济学领域发展，其中，马歇尔、庇古、科斯、布坎南对外部性理论的发展做出了突出的贡献。[2] 1890 年，英国新古典经济学家马歇尔在《经济学原理》中提出了"外部性"概念，将工业组织作为生产要素置于经济发展的报酬递增中考虑。1920 年，庇古发展了马歇尔的"外部经济"概念，在其《福利经济学》中扩充了"外部不经济"的概念和内容，在环保领域常提到的"谁污染、谁治理"的政策就是庇古理论实际应用的体现。1960 年，科斯发表的《社会成本问题》认为，解决外部性问题可以用市场交易的形式代替庇古税的手段，排污权交易制度的形成是科斯理论在实践领域的成功运用。在环境经济学领域，经济发展过程实现污染零排放是不现实的，生产活动在追求经济利益之外的主要目的不

---

① Teng Tong, et al., "Economic growth, energy consumption, and carbon dioxide emissions in the E7 countries: A bootstrap ARDL bound test", *Energy, Sustainability and Society*, Vol. 10, No. 4, 2020.

② 张百灵:《正外部性理论与我国环境法新发展》，博士学位论文，武汉大学，2011 年。

是消除污染而是控制污染。资源消耗和环境污染作为经济发展的负外
部性问题，应用外部性理论，需要市场和政府的共同协作，发挥市场
调节和政府干预的共同作用，保障经济增长与资源环境保护协调
发展。①

五　绿色经济理论

　　基于工业大发展引起的资源严重耗竭和生态环境迅速恶化，绿色
经济理论在可持续发展理论的基础上结合生态文明保护、社会福利和
公平等一系列新理念逐渐形成。1989 年，英国环境经济学家大卫·皮
尔斯在其著作《绿色经济的蓝图》中使用了"绿色经济"一词，但
并未对其进行明确的定义。2007 年，联合国环境署定义了褐色经济和
绿色经济两个对立的概念，褐色经济是"依赖低能效、利用不可再生
能源、高材耗、对生态环境的不可持续利用以及带来高度气候变化风
险的经济"，绿色经济是"重视人与自然、能创造体面高薪工作的经
济"，并提出由"褐色经济"转向"绿色经济"。21 世纪初，人类社
会依然受到气候变化、生态恶化等资源环境要素的威胁，可持续发展
战略的效果并不明显，理论研究迫切需要新的理论和因素的注入。
2010 年，联合国开发计划署提出了绿色经济的定义，即"带来人类
幸福感和社会的公平，同时显著地降低环境风险和改善生态缺乏的经
济"，这一解释得到广泛认可。绿色经济理论包括经济高效、生态和
谐、社会包容。经济高效倾向于通过提高经济系统的效率来解决发展
问题，促使资本由资源效率利用较低、污染排放较高的经济部门流向
资源效率利用较高、污染排放较低的经济部门。② 生态和谐倾向于控
制经济的增长规模，实现经济发展与关键自然资本和污染排放的脱
钩。社会包容则通过社会系统的公平发展调和人类福利和生态保护的
顺序性冲突。在中国经济社会发展背景下，绿色经济理论的实质是如
何提高资源理论效率保障生态安全促进经济发展，达到经济社会和资
源环境的协调发展。

---

①　Smith Markets，"Environment：A critical appraisal"，*Contemporary Economic Policy*，
Vol. 13，No. 1，1995.

②　唐啸：《绿色经济理论最新发展述评》，《国外理论动态》2014 年第 1 期。

第三节　工业发展的资源环境压力
影响因素及作用机制

经济社会快速发展过程中，随着工业化进程加深、产业结构优化、工业空间优化、技术创新应用、对外开放水平提高、环境政策实施，工业发展的资源环境压力与效率产生的变化如何，这些要素的影响方式和强度如何？为探究上述问题，本节以工业发展的结构、技术、对外开放、环境政策等关键要素为基础，阐述工业发展的资源环境压力影响机制。

一　工业规模

随着经济的不断发展，产业规模也不断扩大，从而产生规模报酬递增效应。工业规模从小到大的变化过程对资源环境压力也产生了由正向到负向的影响作用，规模不经济可能产生反弹作用（见图3-1）。规模经济对资源环境压力产生的正向效应主要表现为，在工业规模较小时，企业集中在一起产生的拥挤效应和恶性竞争效应加剧了对当地资源的消耗以及能源消费，而且经济实力较小，企业购买先进设备降低污染物排放及提高无害化处理水平的能力较低，产业发展的资源环境效率较低，从而直接带来了环境污染，降低了环境质量。随着集聚规模的不断扩大，也会对资源环境压力产生负向影响，即工业规模扩大产生降低资源环境压力的作用。从企业层面来说，集聚规模的扩大也带来了企业规模的不断扩大，规模效益不断提高使得企业加大科研投入力度成为可能，促进了资源环境优化配置，资源环境效率得以改善，从而实现可持续发展，降低了环境污染。从区域层面来说，随着规模扩大带来的环境污染的加剧，国家会制定更加严格的环境保护标准，从而刺激行业加强环境保护，使得企业在生产单位产品时导致的环境污染降低。当企业跨越最优规模继续扩张时，规模不经济将会导致产业整体经济效益的降低，但在技术水平没有明显提高的前提下，资源消耗量和污染物排放量随着产业规模的扩大不断增加。然而，在产业技术水平的提高及环境管制措施的日趋严格等外部因素影响下，产业发展的资源环境效率的降低将略显平缓，甚至会出现逆势反弹（当技术实现跨越式进步或环境管制空前严格时）。

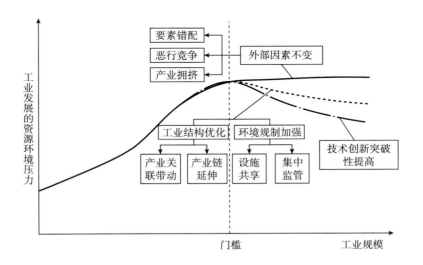

图 3-1　工业规模经济对工业发展的资源环境压力的影响

二　工业结构

工业化过程中，产业结构或者工业结构一般会向高级化发展，这会引起资源消耗和环境污染在产业间的变动。工业化过程中轻重工业比例发生变化，工业发展由资源密集型产业、劳动密集型产业向技术密集型产业和资本密集型产业转变。这一过程中，提高资源利用率、深化资源循环利用程度、降低单位产出的自然资源消耗可以减少生产污染，反之环境污染就会加剧（见图 3-2）。在工业化中期阶段，工业结构单一化趋势明显，重工业化显著且不断加深，以煤炭、石油等为主要能源消耗，以煤化工、石油化工、建材行业等为主的高污染、高耗能产业是大部分地区的主导产业且是工业主要增长行业，由此造成工业发展的资源环境压力不断增大。在工业化后期及后工业化时期，重化工业比例下降，工业部门之间关联度增强，产业前向后向联系加深，高端制造业和新兴产业发展提高了工业技术创新水平，优化了资源要素的重新配置，同时减少了污染物的排放，提升了资源环境的整体质量。

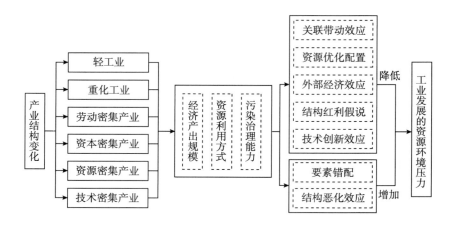

图3-2 产业结构对工业发展的资源环境压力的影响

三 工业集聚

集聚是工业生产的紧凑型空间生产方式，工业集聚通过作用于产业规模、产业结构和技术水平对资源环境产生影响（见图3-3）。工业集聚的正外部性和溢出效应有利于资源利用效率的提高和污染治理的规模效应，但工业集聚带来的产能扩张和无序竞争的拥挤效应也会增加资源环境压力。产业集群作为集聚的表现形式，其高级化和生态化的过程促进了工业集聚专业化和多样化发展，使得资源环境利用效率最大化。工业化初期，工业发展速度慢，工业企业基本上为散乱分布，集聚对工业发展的资源环境压力并不明显。工业化中期，工业龙头企业的吸引和产业政策的引导加速了工业的空间集中，专业化和非相关产业的集中造成产业雷同，形成拥挤效应和恶性竞争效应，提高了企业的生产成本，加剧了资源消耗；企业之间缺乏良好的技术和投入产出交流，产能和规模的上升势必造成污染排放规模上升。工业化后期和后工业化时期，产业竞争优胜劣汰及关联产业进入，专业化和多样性发展形成网络化结构和跨界交流合作，提高了产业间的技术溢出和生产水平，企业生产过程的资源要素在集聚区内形成循环利用；产业集聚为污染集中治理提供条件，形成治污规模效应，降低资源环境压力。

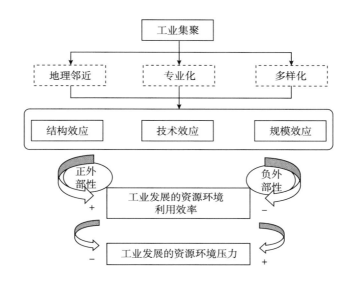

图 3-3　工业集聚对工业发展的资源环境压力的影响

资料来源：根据胡志强（2019）、王艳华（2019）制作，有修改。

四　工业技术创新

科学技术是降低工业发展的资源环境压力，实现可持续发展的核心。技术进步效应是工业经济增长达到某一临界点对资源环境压力的作用由正向转为负向的关键因素，高水平的技术进步对资源环境压力具有深度改善作用（见图3-4）。生产技术和清洁技术的进步可以提高工业生产过程中的资源使用效率，降低单位产出的资源消耗和污染物的排放。治污技术是工业生产的"污后治理"，通过提高污染处理率降低环境压力。清洁生产技术通过先进生产工艺研发和应用实现工业企业生产的"污前预防"，从根本上提高资源利用效率降低污染产生。治污技术和清洁生产技术具有较高的固定成本和较低的边际成本，仅在技术利用率高时才会降低资源购买成本和污染治理的平均成本，这些成本加诸工业企业，只有当技术水平越过成本门槛时才会对资源环境压力缓解产生作用。当治污技术对污染治理表现出明显的正向作用时，如果清洁生产技术未维持在较高水平，工业生产有增加资源压力的风险，引发"资源回弹效应"；当工业企业过度依赖技术引进推动绿色发展时，会造成其技术原创性不足，与自身资源禀赋结构不吻合，从而加剧工业发展的资源环境约束。

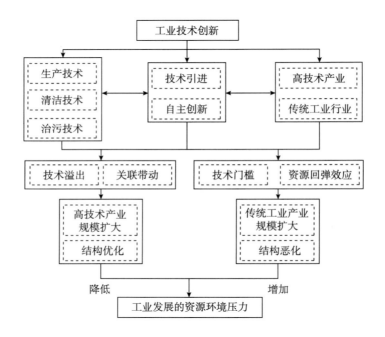

图 3-4　工业技术创新对工业发展的资源环境压力的影响

五　外商投资

资本流动与资源环境的关系是当前最具争议性的问题之一。随着工业化进程的推进，对外开放水平的提高促进了出口导向型经济发展。一方面，地方政府为拉动地区经济增长，实行较为宽松的资源环境政策，从而促进外资向本地区流动，可能造成污染密集型和资源密集型产业流入本地区，加剧了本地区的资源环境压力，形成了"污染天堂假说"（见图 3-5）。外商投资企业产品出口主要采取加工贸易方式，产品出口在某种意义上意味着资源的输出，产品生产过度消耗大量本地资源，也造成了严重的环境污染问题，跨国公司产业转移对东道国对外贸易低水平扩张的同时加剧了其资源环境压力。另一方面，环保因素并不是发达地区或国家产业转移进行区位选择的决定因素。母公司在进行全球要素配置时会综合考虑区位因素、政治与经济制度、要素禀赋与价格、基础设施条件、教育与研发、文化伦理、政府干预与激励措施等多种因素。较高的环保标准本身对企业增长方式转变和技术升级会起到催化作用，企业可通过结构调整和研究开发等方式适应日趋增强的环保需要，并不一定通过资本与产业转移方式来降低环境成本。即使发达国家或地区为降低环保成本向发展中国家或地区进行投资，也未必会导致后者环境条件恶化。这是因为外商直接投资会同时伴随着对东道国环境污染治理技术和管理经验的转移，FDI的"示范效应"和东道国的"学习效应"反而会促进东道国环境质量的改善。

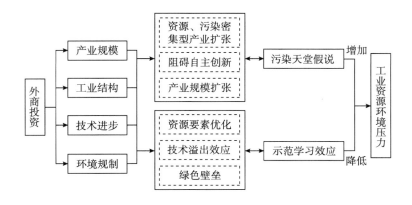

图 3-5　外商投资对工业发展的资源环境压力的影响

六　环境规制

环境规制通过产业结构变动和绿色技术创新影响资源要素配置和资源环境效率（见图 3-6）。工业企业可以为节约成本而自发提高资源利用效率，但不会自发进行污染治理。迫于环境规制的倒逼影响，企业需要投入一定的额外成本或缴纳污染税用于资源环境治理，这在一定程度上会挤占企业的经济性和营利性投资，降低企业生产效率。为维持或者提高自身市场优势，企业会尝试采用新的生产技术和新的能源技术，淘汰污染落后产能，进而推动传统产业的转型升级与高新技术产业的成长，最终实现污染减排和效率提升的双重效益，形成环境规制的"创新补偿效应"。[①] 为了达到更高的资源环境标准，企业通常会被要求安装更加先进的用能和治污设备，从而在某一产业形成新的资金设备壁垒，这同样增加了企业的治污成本，影响企业的治污意愿。环境规制在短期内可能增加企业的生产成本，并且不能取得立竿见影的资源环境治理效果，但环境规制的加强在长期内可能会迫使企业重新配置资源，增加对能源技术和生产技术的研发投入，以降低企业的能源消耗和污染排放。

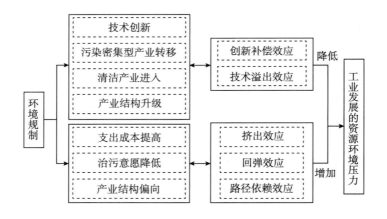

图 3-6 环境规制对工业发展的资源环境压力的影响

七 工业发展的资源环境压力作用机制

不同工业发展阶段，资源环境问题表现出多样性和复杂性，产业规模、产业结构、技术创新、外商投资、环境规制等对资源环境压力

---

① 于斌斌、金刚、程中华：《环境规制的经济效应："减排"还是"增效"》，《统计研究》2019 年第 2 期。

演变影响作用的方向和强度也有所差异（见图3-7）。经济发展初期，工业化率增长并未改善资源环境效率，工业发展规模小，布局散乱，不能形成资源集约利用和污染治理的规模效应，资源环境压力呈现增长趋势，但由于工业发展水平低，技术水平不高，资源环境压力增长速度不快。随着工业化快速推进，规模经济和工业集聚的无序性、重化工业发展以及外商投资流入污染密集型产业导致资源浪费，并产生严重的环境污染，在技术水平和环境规制强度没有明显改善的情况下，资源环境效率的提高速度并不足以抵消资源环境压力的增长速度，使得环境压力快速增加。工业化后期及后工业化时期，产业结构升级、技术水平提高、空间布局优化、环境规制的创新效应等都对资源环境效率提升产生正向作用从而改善资源环境压力。由于不同地域资源禀赋、经济条件、产业结构、环境政策等的不同，中国工业化从东部沿海地区向内陆和中西部地区梯度推进，资源环境压力表现出空间差异性和区域不平衡性，工业发展各要素对其产生的影响也具有区域性和空间溢出效应。

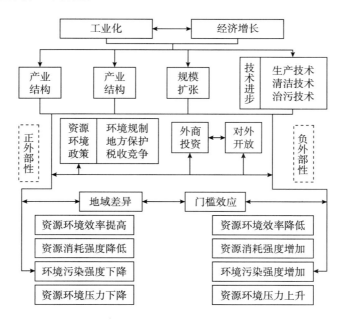

图3-7　工业发展的资源环境压力影响机制

第四节 工业发展的资源环境压力 阶段性演变规律

根据经济发展阶段和经济增长阶段，工业化可分为初期、中期、后期和后工业化四个阶段。在不同工业化阶段，资源环境要素受到不同程度的破坏，资源环境利用效率与资源环境压力各异（见图3-8）。

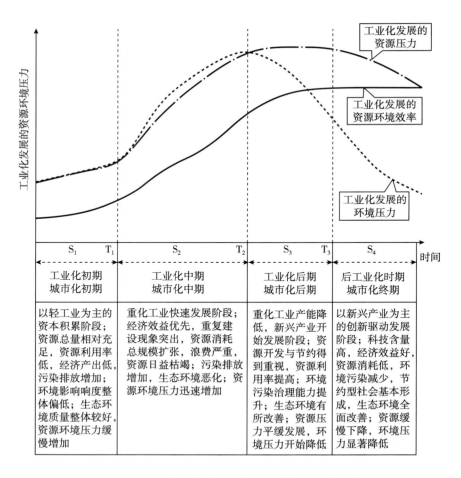

S₁ T₁	S₂ T₂	S₃ T₃	S₄
工业化初期 城市化初期	工业化中期 城市化中期	工业化后期 城市化后期	后工业化时期 城市化终期
以轻工业为主的资本积累阶段；资源总量相对充足，资源利用率低，经济产出低，污染排放增加；环境影响响度整体偏低；生态环境质量整体较好，资源环境压力缓慢增加	重化工业快速发展阶段；经济效益优先，重复建设现象突出，资源消耗总规模扩张，浪费严重，资源日益枯竭；污染排放增加，生态环境恶化；资源环境压力迅速增加	重化工业产能降低，新兴产业开始发展阶段；资源开发与节约得到重视，资源利用率提高；环境污染治理能力提升；生态环境有所改善；资源压力平缓发展，环境压力开始降低	以新兴产业为主的创新驱动发展阶段；科技含量高，经济效益好，资源消耗低，环境污染减少，节约型社会基本形成，生态环境全面改善；资源缓慢下降，环境压力显著降低

图3-8 工业发展的资源环境压力演变阶段性规律

一 工业发展的资源环境压力缓慢增长期

S_1 阶段：社会经济发展的起步阶段，工业化初期（工业化率小于30%），资源环境效率缓慢提升，工业发展的资源环境压力缓慢增长期。这一阶段经济发展规模小、速度慢，区域工业化、城市化发展水平低。工业发展是以轻工业为主的资本积累阶段，轻工业部门主要以食品、纺织品等初级产品生产为主，其生产发展的资本和技术要求较低。工业不发达的现状使得工业发展对资源需求量小，消耗总量少，资源供给较为充沛。工业化初期经济基础薄弱、技术水平低下，工业发展资源利用率低，经济产出少，工业生产过程基本没有污染治理措施，污染排放增加。相对于较低的工业化增长速度，资源利用总量有限，环境影响程度整体偏低，生态环境质量整体较好，工业发展产生的资源压力和环境压力都处于缓慢增加状态。由于资源环境要素需求与供给在规模上的反差，人们从事经济社会活动受到"资源无主""环境无限"等思想认识的影响，资源的粗放式开发和生态环境的无偿利用成为工业化初期最主要的生产方式。

二 工业发展的资源环境压力快速增长期

S_2 阶段：社会经济发展的成长阶段，工业化中期（工业化率在30%—70%），以经济效益优先发展为主，资源环境效率有所提升，工业发展的资源环境压力快速增长。在工业化中期，轻工业发展速度逐渐放缓，以能源、冶金、建材等为重心的重化工业发展速度快速提升，并逐渐取代轻工业成为工业发展的主导产业。高投资、重化工业主导发展是工业化中期经济高速增长的主要特征。快速发展的工业规模、偏重的工业结构以及技术进步水平步伐较慢，资源环境效率改善不足以抵消工业发展的新增资源需求，导致了工业用地规模增加，水资源、能源需求加大，资源掠夺性开发使得资源供应约束和资源保障能力趋紧；造成了日益严重的水污染、大气污染和固体废弃物污染，生态环境污染问题严重。工业化水平和经济发展快速提升，工业发展多以经济效益优先，以巨大的"人口红利"和资源环境牺牲为代价，重复建设现象突出，资源消耗总规模扩张，造成了严重的资源浪费。这种发展方式的直接后果就是资源日益枯竭，污染排放导致生态环境迅速恶化，资源环境压力显著增加，资源环境保障能力降低。这一时期，以牺牲资源环境换取经济增长的粗放式发展模式难以为继，工业发展与资源环境供给之间的矛盾越发尖锐。

三　工业发展的资源压力平缓发展期，环境压力由增长向降低转变期

S₃阶段：社会经济发展的成熟阶段，工业化后期（工业化率在30%—40%），资源开发节约利用、环境污染治理与经济发展并重，既要绿水青山，也要金山银山，资源环境效率快速发展，工业发展的资源压力增长速度缓慢，环境压力开始由增长向降低转变。工业化后期，经济增速自然回落，经济社会发展进入"新常态"，主导产业转变为汽车、装备制造等为代表的高加工度制造业和生产性服务业。工业发展主要是要素质量提升、资源优化配置和创新驱动的内涵式增长模式。这一阶段，重化工业产能降低，高端制造业快速发展，新兴工业开始发展，创新驱动发展开始显现。通过传统资源节约利用、新型能源开发以及资源的区域调配，工业发展所需的土地、水资源、能源资源消耗增速降低，同时，技术水平的快速提高以及工业结构调整改善了资源利用方式，资源利用效率得到进一步提高，资源压力处于平缓发展期。对于工业发展的环境压力而言，区域环境容量难以容忍工业化中期造成的环境破坏，生态环境恶化无法通过区域性调配缓解，并可能造成环境破坏的溢出性。因此，工业环境问题受到人们更为广泛的关注，技术发展向治污领域倾斜，环境污染治理投入增加等都提高了工业发展的污染治理能力，工业发展的环境压力开始降低，生态环境治理有所改善。

四　工业发展的资源压力缓慢下降期，环境压力快速下降期

S₄阶段：社会经济发展的顶峰阶段，工业化后期（工业化率小于30%），资源节约利用、生态环境效益甚至高于经济效益，宁要绿水青山，不要金山银山，节能与减排协同发展，资源环境效率保持在高水平状态，工业发展的资源压力开始缓慢下降，环境压力下降速度加快。后工业化时期，经济发展由制造经济转变为服务经济，主导产业以服务业和高技术产业为主。工业和现代服务业深度融合，工业技术和生产制度创新不断改善，产品流通和消费方式不断创新，基于分工和合作发展的需求驱动和创新驱动作用加强，工业发展的资源压力缓慢下降。以新兴产业和高技术产业为主的创新驱动发展，清洁生产技术快速发展，工业生产由"污后治理"向"污前预防"转变，基于源头和末端循环的产业发展模式基本形成，工业发展的环境压力快速下降。科技含量高，经济效益好，资源消耗低，环境污染少，人力资源优势得以充分发挥的新型工业化基本完成，生态环境全面改善，工业发展资源环境压力显著降低。

工业发展的资源环境压力由增长到降低的阶段性变化规律是可以调控的，即尽量缩短工业化率30%—70%的S_2阶段，在工业化开始进入加速发展阶段，就要着眼于未来，尽量协调好资源环境系统与社会经济系统的关系，减轻工业发展对资源环境产生的压力，保障工业化和城市化顺利推进，努力做到工业化进程、资源开发利用、环境保护的协调统一。

五　工业发展的资源环境压力波动性变化

在比较长的时期内，工业发展的资源环境压力总体上呈现缓慢上升—快速上升—缓慢下降的趋势，资源环境影响强度呈现先上升后下降的趋势。这是在理想状态下呈现的结果。在现实中，工业发展的资源环境需求受到政策干预、市场配置、产业结构、技术创新、产业规模、工业集聚等多种因素的影响，这些因素的作用过程参差错落、互有消长，是追求社会经济效益最大化和资源环境保护的博弈过程。博弈的结果是，工业化发展过程中，资源环境压力并不严格遵守S形变化，影响资源环境的强度也并不是严格的倒U形曲线，而是在各阶段有一定波动性的曲线变化（见图3-9），存在"否定之再否定"的逻辑增长过程。

在S形上升阶段，会出现"缓慢上升—加速上升—上升趋缓"的过程，资源环境系统和工业系统之间都存在着一个适应与反适应的负反馈过程，即工业化快速发展—资源需求快速增加—资源存储量减少—环境污染增加—资源约束增强—工业发展减慢—资源需求增加减缓—资源存储减少速度降低—资源约束增速减缓—工业快速发展……

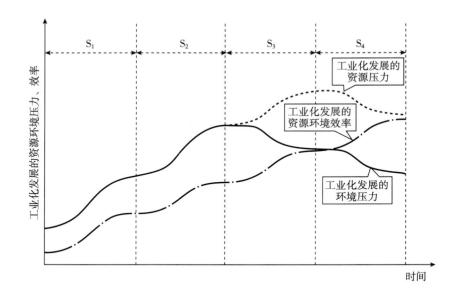

图 3-9　工业发展的资源环境压力波动性变化

每一轮工业经济的快速发展都对应着新的资源开发利用模式与资源管理变革的进一步成熟和完善。而工业经济的进一步快速发展，又加大了资源环境约束力，限制了工业经济的快速发展，要求人们重新审视自己的社会经济行为，寻求新的资源开发利用模式与管理方式。

在每一个反 S 形下降阶段，会出现"缓慢下降—加速下降—下降趋缓"的过程，在这些阶段，刚开始的时候资源利用方式还不完全成熟，资源环境系统和工业化系统处于磨合状态，资源压力下降速度缓慢；受到技术进步和工业结构调整等多重因素的影响，资源利用和管理方式日趋完善，资源环境压力开始加速下降；资源环境压力的快速降低反馈到工业经济系统的结果就是工业的快速增长，资源环境压力降速趋缓。以此反复。

在现实社会经济发展中，S_1 到 S_4 每个阶段的时间间隔并不相等，每一阶段的时长取决于该阶段内资源利用状况和开发模式、对环境系统的影响、政府的反应速度、企业在经济效益和社会责任中的取舍等。并且，这种 S 形曲线和倒 U 形曲线在现实世界中可能呈现出不规则的变化。此外，工业资源环境压力的变化曲线只是针对于资源消耗和环境污染的当前量，不适用于累积量。

第五节　本章小结

从地理学、生态学、资源环境学、经济学等多学科交叉研究来看，对本书有指导意义的相关理论包括人地关系地域系统理论、可持续发展理论、环境库兹涅茨理论、外部性理论、绿色经济理论。

本章以工业发展的资源环境压力为出发点，探讨工业生产在满足人的需要的过程中，能够合理使用自然资源，自觉减少污染排放并实现生态平衡，达到工业、资源与环境的协调发展。总结工业发展的资源环境压力相关理论研究，为人地关系地域系统理论提供系统性支撑，通过人的主观能动性调节工业发展与资源环境之间的关系；可持续发展理论从时间序列、代际关系、空间范围方面通过转变工业发展方式、提高资源环境效率来促进工业系统和资源环境系统的相互配合；环境库兹涅茨理论为寻求转换点的"生态门槛"提供基础；外部性理论有助于工业系统的投入产出进行更为经济更有效率的调整，绿色经济理论具有较强的实践指导性，其提倡的绿色新政、绿色增长、绿色转型、绿色发展为区域工业结构调整和行业布局优化提供指导。

工业发展对资源环境压力的影响是正向作用和负向作用同时存在的辩证统一关系。工业规模、工业结构、工业集聚、工业技术创新、外商投资和环境规制共同作用决定了工业发展的资源环境阶段性演化规律。为进一步反映资源环境压力的时空演化特征及其在尺度上的差异性，诊断工业发展要素对资源环境压力演变的贡献和重要程度，本书将在第四章开始展开相应的实证分析。

第四章 中国工业发展的资源环境压力多尺度时空演化特征

本书前三章从工业发展的资源环境压力研究背景、已有研究基础、理论机制等方面进行了系统论述，总结了已有研究对工业发展的资源环境压力在研究内容、方法等方面的优缺点。本章从实证角度，在工业发展的资源环境压力评价基础上，从大区—城市群—城市等多尺度分析其时空演化特征。第一，基于前文理论研究，选择工业发展的资源压力和环境压力评价指标，建立指标体系。第二，选用熵权TOPSIS 方法评价工业发展的资源压力和环境压力，选用变异系数、泰尔指数和空间自相关方法测度多尺度工业发展的资源压力和环境压力的空间差异。第三，分析中国工业发展的资源压力和环境压力的多尺度时空演化特征。第四，从实证上，验证中国工业发展的资源压力和环境压力阶段性演变规律。

第一节 数据来源与研究区域划分

一 数据来源

《中华人民共和国国民经济和社会发展第十一个五年规划》中，首次明确提出要全面贯彻落实科学发展观，加快转变经济增长方式，建设资源节约型、环境友好型社会。结合数据可获性，本书研究时间范围确定为 2006—2019 年。

本章数据和第五章数据主要来源于《中国区域经济统计年鉴》《中国城市统计年鉴》《中国城市建设统计年鉴》、各省统计年鉴以及部分城市国民经济和社会发展统计公报。其中，工业用水、用电，废水、SO_2、烟（粉）尘排放量根据《中国城市统计年鉴》整理得到；工业用地根据《中国城市建设统计年鉴》整理得到；工业经济属性数据根据《中国区域经济统计年鉴》《中国城市统计年鉴》整理得到，2006—2014年工业增加值来源于《中国区域经济统计年鉴》，2015—2019年工业增加值主要源于所属省区统计年鉴；部分省区未公布下辖各市工业增加值，通过查找各城市统计年鉴或国民经济和社会发展统计公报获得。

二 研究区域划分

本研究主要从区域、城市群和城市三个层面展开。第一，城市尺度研究以中国294个地级及以上城市为样本，其中，日喀则市、昌都市、林芝市、山南市、那曲市、儋州市、三沙市、铜仁市、毕节市、海东市、吐鲁番市、哈密市2006年以后设立为地级市，2006年的工业相关数据缺失；拉萨市两个研究节点的工业污染物排放数据缺失，因此除去以上13座城市，城市尺度上研究对象共285个城市。第二，中国政府从改革开放之后，陆续提出东部率先发展、西部开发、东北振兴、中部崛起等推进区域率先发展和均衡发展的区域发展战略，参照《中共中央、国务院关于促进中部地区崛起的若干意见》《国务院发布关于西部大开发若干政策措施的实施意见》以及党的十六大报告《全面建设小康社会，开创中国特色社会主义事业新局面》的精神，将大区尺度分为东部、中部、西部和东北地区。第三，《中国城市群发展报告2015》确定了20个城市群，分为国家级、区域性和地区性三个等级城市群，剔除未列入"十三五"规划中的江淮城市群，共计19个城市群单元（见表4-1）。

表4-1　　　　　　　　中国区域和城市群划分

地区 （省份数量）	包含省份	城市群等级 （城市群数量）	包含城市群
东部地区 （10）	北京、天津、河北、山东、江苏、浙江、上海、广东、福建、海南	国家级城市群 （5）	京津冀城市群、长三角城市群、长江中游城市群、成渝城市群、珠三角城市群

续表

地区 （省份数量）	包含省份	城市群等级 （城市群数量）	包含城市群
中部地区 （6）	山西、河南、安徽、湖南、湖北、江西	区域性城市群 （8）	哈长城市群、山东半岛城市群、辽中南城市群、海峡西岸城市群、关中平原城市群、中原城市群、北部湾城市群、天山北坡城市群
西部地区 （12）	内蒙古、宁夏、陕西、四川、重庆、云南、贵州、广西、甘肃、青海、新疆、西藏	地区性城市群 （6）	呼包鄂榆城市群、晋中城市群、宁夏沿黄城市群、兰西城市群、滇中城市群、黔中城市群
东北地区 （3）	黑龙江、吉林、辽宁		

资料来源：《中共中央、国务院关于促进中部地区崛起的若干意见》《国务院发布关于西部大开发若干政策措施的实施意见》《全面建设小康社会，开创中国特色社会主义事业新局面》《中国城市群发展报告2015》。

第二节　指标体系构建与研究方法

一　工业发展的资源环境压力评价指标体系构建

综合评价工业发展的资源环境压力，全面精准地构建指标体系是复杂的过程。梳理已有关于工业发展、城市化等剧烈人类活动的资源环境影响评价指标体系的研究（见表4-2），总结发现：在资源影响评价中，既有研究主要关注了资源条件、资源循环、资源生产、资源耗用等方面，多采用工业用地、工业用水、工业用电、工业能耗、工业废弃物利用率等指标。在环境影响评价中，主要关注了环境污染（环境压力）、环境治理（环境抗压力或环境抗逆）等方面，多采用工业 SO_2、工业烟（粉）尘、工业废水排放量及达标率、工业固体废弃物利用率等指标。

表 4-2　相关研究中关于工业发展的资源环境影响评价指标体系

作者	资源影响评价指标	环境影响评价指标
廖重斌		SO_2、氮氧化物年日平均值、总悬浮微粒年均值、万元工业产值废水和固体废弃物排放量、工业废水和废气处理率
张晓东等		大气环境承载指数：可吸入颗粒物浓度、单位面积工业废气排放、万元产值工业废气排放、二氧化硫浓度 水环境承载指数：万元产值工业废水排放量、单位面积工业废水排放量、单位径流量废水排放量
徐福留等	总耗水量、新鲜水消耗量、燃料煤消耗量、原料煤消耗量、燃料油消耗量	废水、COD、废气、SO_2、固体废弃物排放量
李鹤等		环境污染：城市 SO_2 年日均值、工业废水中 COD 排放量、工业废水产生量、工业废气产生量、工业固体废物产生量 环境治理：污染治理资金/GDP、工业废水外排达标率、工业固体废弃物综合利用率、环境破坏事故次数
杨威等	工业建设用地、工业用电、工业固定资产投资、工业就业人员、工业煤炭消耗、工业燃油消耗、工业用水	工业废水氨氮、化学需氧量、工业废水、工业废气、工业 SO_2、氮氧化物、工业烟尘和粉尘排放量
赵兴国等	水耗、能耗、生态足迹耗	工业废水、工业废气，工业碳排放量
关伟等		环境污染：工业废水排放量、工业烟尘排放量、工业 SO_2 排放量、工业废水排放达标率 环境治理：环境污染源治理总投资、固体废弃物综合利用率、工业二氧化硫去除量
余瑞林等	资源条件：人均耕地面积、建设用地面积、土地利用率、人均供水规模总量 资源循环：工业固体废物综合利用率、三废综合利用产值占工业产值的比例 资源耗用：单位 GDP 能耗、电耗，单位工业增加值能耗	环境质量：亿元工业产值工业废气、废水、SO_2、工业固体排放（产生）量，空气质量综合评价，优良天数百分比 环境治理：技术投资占全社会固定投资比例、环境污染治理本年投资额

续表

作者	资源影响评价指标	环境影响评价指标
马丽等		环境污染状况：工业废水排放量、工业 SO_2 排放量 环境治理状况：工业废水排放达标率、工业固体废弃物综合利用率
刘艳军等		资源环境支撑力：人均耕地面积、森林覆盖率、人均水资源拥有量、地均铁矿基础储量、人均能源生产量 资源环境压力：人均工业废水、废气、固废排放量 资源环境抗压力：万元 GDP 耗水量、能源加工转换效率、工业废水排放达标率、工业 SO_2 去除率、工业固体废物综合利用率
刘承良等	资源条件：耕地面积、建成区面积年增长率、人均耕地面积、林地面积、林地面积年增长率、森林覆盖率、供水量、供水年增加量 资源生产：水利（投资、投资比）、电力（发电量、工业资本、资本增加、资本折旧、资本寿命、投资、投资比）、原油（产量、生产率、工业资本、资本增加、资本折旧、投资比、投资）、原煤（生产率、生产量工业资本、增加资本、资本折旧、投资比、投资、资本寿命） 资源耗用：用电量，原油和原煤消耗量，用水量，用电、原油、原煤、用水缺口	环境水平：废水、废气储量，固废存量 环境压力：废水年增长率，废水年减少率，工业固废、工业废水排放量，城镇人均生活废水排放，废水污染比，万元工业废气、废水、固废排放，城市生活固废排放量，工业废气排放量 环境抗逆：工业废水、废气、固废治理量，废水治理、废气、固废治理投资，环保投资额
洪开荣等	森林覆盖率、人均水资源量、人均耕地面积、单位工业增加值能耗、单位产值能耗和电耗	工业固体废物综合利用率，工业废水、废气、固体废弃物、工业 SO_2 排放总量，工业污染治理年度完成投资额，环保投资占 GDP 比例

续表

作者	资源影响评价指标	环境影响评价指标
逯进等	总量指标：一次性能源生产总量、能源消费总量 结构指标：电力消耗占能源消耗量的比例、能源消费弹性系数 效益指标：单位 GDP 能耗、规模以上工业万元产值能耗 地区能源相对指标：能源消费总量占全国的比例、一次性能源生产总量占全国比例	环境污染程度指标：废水、烟尘、SO_2 排放量，工业固体废弃物产生量 环境保护指标：工业固体废弃物综合利用率、SO_2 去除率、工业烟尘去除率、工业废水排放达标率
邹辉等		环境污染：工业废水、SO_2、烟（粉）尘排放量 环境治理：污水处理厂集中处理率、生活垃圾无害化处理率
胡志强等		工业废水、SO_2、烟（粉）尘排放总量，万元工业总产值废水排放量，亿元工业总产值 SO_2、烟（粉）尘排放量
唐志强	总用水量、总用电量	工业 SO_2、烟尘、废水排放量

　　基于已有研究对工业发展的资源环境压力要素的甄选，已经基本形成共识的是：工业发展的资源压力要素包括工业用地、工业用水、工业用能；工业发展的环境压力要素包括工业废气、工业废水、工业固废。结合中国工业发展的结构特征和指标数据的可获性，本研究选取工业用地、工业用水和能源使用来评估工业资源压力。由于无法获得城市规模的各种工业能耗数据，考虑到在工业能耗中，其大部分终端能源需要转换为电能，因此使用工业用电作为工业能耗的替代指标。选取工业废水排放量、工业 SO_2 排放量、工业烟（粉）尘排放量和工业 CO_2 排放量四项指标支撑工业发展的环境压力评价（见表4-3）。城市工业 CO_2 排放量的计算首先根据国际能源署（IEA）2017—2020 年发布的燃料燃烧 CO_2 排放量，得出 2006—2019 年中国单位发电量的 CO_2 排放量；然后通过将城市的工业用电量乘以相应年份单位发电量的 CO_2 排放量得出。

表 4-3　　　　　　　　工业发展的资源环境压力评价指标体系

目标层	准则层	指标层	单位
工业发展的资源环境压力	工业发展的资源压力（Y）	工业用地	km^2
		工业用水	万 m^2
		工业用电	万 $kW \cdot h$
	工业发展的环境压力（Z）	工业废水排放量	万 t
		工业 SO_2 排放量	t
		工业烟（粉）尘排放量	t
		工业 CO_2 排放量	t

二　工业发展的资源环境压力评价模型

为建立衡量工业资源和环境压力的模型，首先采用熵权法确定每个指标的权重，然后采用加权法计算每个城市工业资源和环境压力的综合评价指标。本书以 V_i 代表工业资源压力和环境压力的评价值，以工业发展的资源压力评价值计算为例（下文研究方法同样以工业发展的资源压力为例），其主要步骤为：

①构建初始判断矩阵。假设有 m 个目标（有限个目标），n 个指标，对其中第 i 个目标的第 j 个指标的评估值为 x_{ij}；

②数据标准化。由于各指标的量纲存在不同，因此需要对初始判断矩阵进行无量纲化处理，得到标准值 x_{ij}'。本研究采用极差标准化进行数据标准化处理，除一般工业固体废弃物处理率为负向指标外，其他指标均为正向指标；

③计算第 j 项指标的信息熵 e_j：

$$e_j = -\frac{1}{\ln^m} \sum_{i=1}^{m} p_{ij} \ln^{p_{ij}} \qquad (4-1)$$

其中，$p_{ij} = \dfrac{x_{ij}'}{\sum\limits_{i=1}^{m} x_{ij}'}$；

④确定熵权 W_j：

$$W_j = \frac{d_j}{\sum\limits_{j=1}^{n} d_j} \qquad (4-2)$$

其中，$d_j = 1 - e_j$；

⑤计算各目标的评价值 Vi：

$$V_i = \sum_{j=1}^{n} x_{ij}' \cdot W_j。\tag{4-3}$$

三　工业发展的资源环境压力空间差异分析方法

采用变异系数和泰尔指数分别测度不同尺度工业发展的资源环境压力的差异程度和区域内及区域间工业发展的资源环境压力的相对差异，变异系数和泰尔指数越大表明区域差异越大，反之亦然。变异系数计算公式如下：

$$C_v = \frac{1}{V_t} \sqrt{\sum (V_{ij} - V_t)^2 / n}\tag{4-4}$$

泰尔指数计算公式如下：

$$T = \sum_i \sum_j \frac{V_{ij}}{V} \ln \frac{V_{ij}/V}{1/n}\tag{4-5}$$

$$T_w = \sum_j \frac{V_{ij}}{V_i} \ln \frac{V_{ij}/V_i}{1/n_i}\tag{4-6}$$

$$T_b = \sum_i \frac{V_i}{V} \ln \frac{V_i/V}{n_i/n}\tag{4-7}$$

T、T_w、T_b 分别表示中国 285 个城市之间的工业发展的资源压力和环境压力发展总差异、区域内城市间的工业资源压力和环境压力差异、区域间的工业资源压力和环境压力差异；V_{ij} 表示 i 地区第 j 城市工业资源压力和环境压力的评价值，V_i 表示 i 地区的工业资源和环境压力的评价值，n_i 表示 i 地区城市数量。为了研究地区间差异和地区内差异对中国工业发展的资源环境压力差异的贡献的大小，本研究定义组间贡献率（R_b）和组内贡献率（R_w）：

组间贡献率（R_b）＝组间差异（T_b）/总差异（T）×100%

组内贡献率（R_w）＝组内差异（T_w）/总差异（T）×100%

四　空间相关性分析

采用全局自相关描述城市工业发展的资源压力和工业发展的环境压力变化的整体分布状况，以判断其在空间上是否存在集聚性，通常用的检验统计量有 Global Moran's Ⅰ指数，采用局部自相关分

析揭示空间单元的工业发展的资源压力与其邻近单元之间的相关
程度。

第三节　中国工业发展的资源压力
多尺度时空演化特征

一　从不同尺度上，中国工业发展的资源压力都呈现不断增大的态势

2006—2019 年，中国工业发展的资源压力总体呈现持续递增的变化趋势，工业发展的资源压力评价值从 0.045 上升至 0.100，增幅为122.2%。并且无论是从大区尺度还是从城市群尺度，工业发展的资源压力都呈现增加的趋势。这一阶段，中国工业快速发展，成为世界上规模最大的生产制造基地。但在工业发展模式上，依靠资源和要素驱动的特征明显，工业经济增长对水、土地、能源等产生大量的需求。如果中国工业发展继续维持粗放式的资源消耗模式，必然会对生态环境造成更大的压力，对生态环境系统产生强烈的破坏，导致国家可持续发展能力下降。因此，必须清楚认识不同尺度上资源消耗现状及其空间格局，分析工业发展要素对资源消耗和环境污染产生的影响，以调整工业发展方向，达到工业增长与资源环境协调发展。

二　大区尺度上，工业发展的资源压力"东高西低"的空间格局明显

大区尺度上，2006—2019 年工业发展的资源压力呈现"东部>东北>中部>西部"的空间格局［见图 4-1（a）］，东部地区工业发展的资源压力最大，多年平均值 0.13，这与东部地区工业集聚带来的粗放式资源利用的规模化密切相关，东部地区是中国主要的工业集聚区域，2006 年东部地区工业增加值占全国的 60.54%，2019 年占全国的47.94%，工业的规模化集聚和粗放式发展，造成该区域工业资源压力显著；东北地区工业资源压力排第二，这是因为东北地区是中国传统的老工业区，重工业集聚，该地区工业资源压力也较大；中部地区包括河南、湖北、湖南、安徽、江西和山西六个省份，是中国东部工业转移的主要承接地，主要以食品制造、煤化工行业、机械制造、交通运输设备制造等产业为主，但是其产业规模小于东部地区，重工业化程度低于东北地区，因此中部地区的工业资源压力要小于东部和东北地区；西部地区最小，多年平均值 0.09，西部地区远离市场，受交通和自然条件限制，工业规模小，由此带来的资源压力小。研究期内各区域工业资源压力逐年增大，增幅由大到小依次为西部、东部、中部和东北地区，增幅分别达到 250%、112.5%、100%、60%。

2006—2010 年东部地区变异系数和泰尔指数逐渐减小，但是仍大于其他区域，工业发展的资源压力的空间差异由大到小依次为东部、西部、中部和东北地区［见图 4-1（b）、（c）］。从泰尔指数和变异系数的变化可以看出，东部地区内部资源压力不平衡远大于西部、中部和东北地区。2011—2019 年工业资源压力的空间差异由大到小依次为西部、东部、中部、东北地区，一方面中国的西部大开发政策已实施十余年，西部地区工业经济逐渐壮大；另一方面，东部沿海地区工业结构转型升级，一些资源密集、污染密集的产业逐渐向西部重点城市、工业基础较好的城市转移，推动了西部地区工业资源压力的内部空间分异。

依据泰尔指数，考察地区间与地区内差异对区域空间差异的贡献率来看，2006—2019 年地区间贡献率逐步增加，由 18.5% 增加值 20.8%，地区内贡献率有所下降，由 81.5% 下降至 79.2%；东部、西部、中部和东北地区区域内差异对总体差异的贡献率多年平均值分别为 45.1%、17.5%、10.2% 和 7.2%［见图 4-1（d）］，说明中国工业资源压力的区域差异主要由东部地区内部差异引起。

三　城市群尺度上，国家级城市群工业发展的资源压力最大，地区性城市群增速快

在城市群尺度上，2006—2016 年工业发展的资源压力由大到小依次为国家级城市群、区域性城市群、地区性城市群［见图 4-2（a）］。随着城市群层级下降，其工业密集规模逐渐下降，与之相对应，工业发展的资源压力也呈现逐渐减小态势。随着地区性城市群工业经济发展壮大，工业发展所需土地、水、电等资源消耗快速增长，其工业发展的资源压力逐渐超过区域性城市群。2017 年以来，工业发展的资源压力由大到小依次为国家级城市群、地区性城市群、区域性城市群。

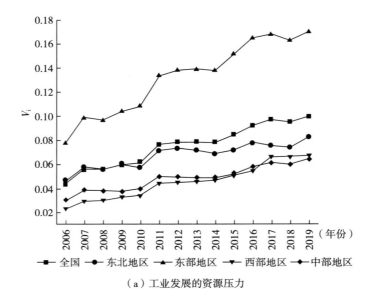

（a）工业发展的资源压力

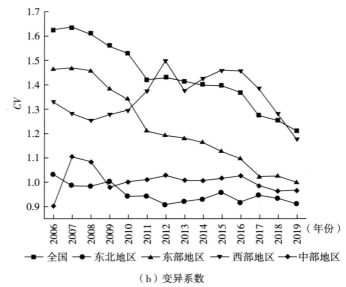

（b）变异系数

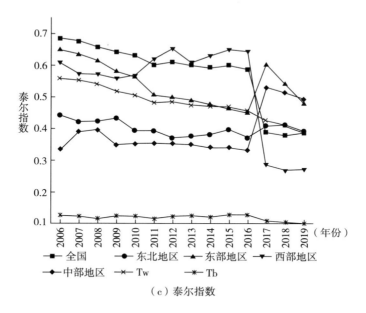

（c）泰尔指数

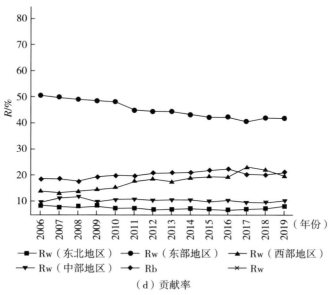

（d）贡献率

图 4-1　2006—2019 年工业发展的资源压力大区变化趋势

比较 2006—2019 年各等级城市群的变异系数、泰尔指数：

2006—2016 年，中国各等级城市群空间差异由大到小依次为国家级城市群、地区性城市群、区域性城市群；2017—2019 年中国各等级城市群空间差异由大到小依次为国家级城市群、区域性城市群、地区性城市群［见图 4-2（b）、（c）］。工业发展的资源压力的空间差异与城市群内部各城市工业发展水平相关，国家级城市群内人口密度和工业集聚程度、工业发展规模往往相差较大，工业发展的资源压力空间差异也随之增大；而地区性城市群和区域性城市群内经济发展条件较为均质，工业空间分布均衡，工业发展的资源压力空间差异相对不明显。

2006—2019 年各等级城市群变异系数和泰尔指数都呈现下降趋势，说明城市群内部差异逐渐减小，工业发展的资源压力在各城市群内趋于均衡。考察城市群间与城市群内差异对空间差异贡献率［见图 4-2（d）］，城市群间贡献率由 15.2% 降低至 13.2%，城市群内贡献率由 84.8% 增长至 86.8%，说明中国工业发展的资源压力的总体差异主要来自城市群内差异。

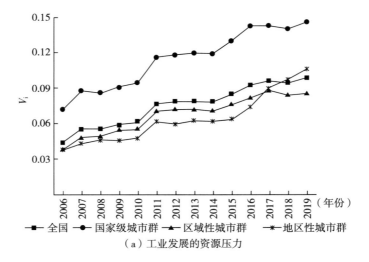

（a）工业发展的资源压力

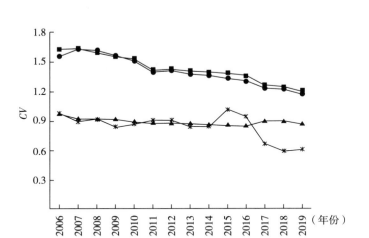

（b）变异系数

（c）泰尔指数

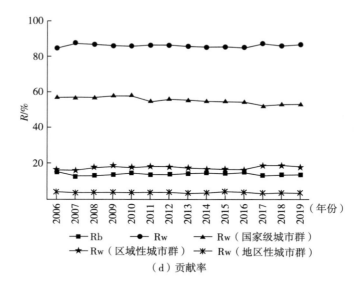

（d）贡献率

图 4-2　2006—2019 年工业发展的资源压力城市群变化趋势

　　具体到各等级城市群内部的工业发展的资源压力（见图 4-3）。国家级城市群中，长三角、珠三角、京津冀三个城市群工业发展的资源压力一直居高不下。区域性城市群中，山东半岛城市群工业发展的资源压力最大，天山北坡城市群和辽中南城市群增幅明显，关中平原和北部湾城市群压力最小。地区性城市群中，晋中城市群工业发展的资源压力最大，呼包鄂榆城市群增幅大。

四　中国城市工业发展的资源压力集聚程度增强，热点范围扩大

　　采用 ArcGIS 自然断点法将工业资源压力划分为 5 个等级。2006—2019 年中国工业资源压力总体呈现由沿海向内陆逐渐降低的趋势，南北差异不明显。对比 2006 年和 2019 年工业资源压力各等级城市数量（见表 4-4），工业资源压力高等级城市数量增加，低等级城市数量减少。工业资源压力高等级城市在上海、广州、东莞 3 个城市的基础上增加至 13 个城市，包括南京、苏州、深圳、天津、重庆、武汉、无锡、宁波、绍兴、潍坊，这些城市主要为中国的直辖市、省会城市和区域中心城市，空间上多位于东南沿海地区，是中国工业的主要集聚城市。工业资源压力次高等级城市数量由 7 个增加至 22 个，形成了

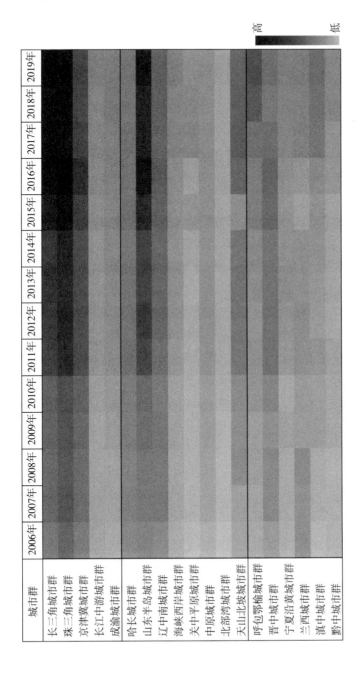

图4-3　2006—2019年城市群工业发展的资源压力变化趋势

济南—淄博—潍坊—青岛—烟台，南通—常州—杭州，铁岭—沈阳—
本溪—大连三条明显的带状空间分布，这些城市分别由省会城市和区
域工业中心城市构成，冶金、石化、钢铁、造船等产业密集，资源规
模占用和消耗大。工业资源压力最低等级城市主要分布在云南省的丽
江、普洱、临沧，甘肃省的定西、陇南等，这些地区主要位于中国的
西南和西北地区，工业发展规模小，相应的工业资源压力也小。

表 4-4　　2006 年和 2019 年中国工业发展的资源压力前 35 位城市

2006 年						2019 年					
排序	城市	评价值	排序	城市	评价值	排序	城市	评价值	排序	城市	评价值
1	重庆市	0.578	19	东莞市	0.213	1	唐山市	0.530	19	邯郸市	0.234
2	上海市	0.500	20	淄博市	0.212	2	重庆市	0.475	20	榆林市	0.230
3	杭州市	0.433	21	忻州市	0.202	3	漳州市	0.454	21	东莞市	0.223
4	苏州市	0.433	22	武汉市	0.198	4	苏州市	0.440	22	铁岭市	0.218
5	唐山市	0.402	23	宿州市	0.194	5	武汉市	0.398	23	宁波市	0.214
6	无锡市	0.347	24	常州市	0.192	6	滨州市	0.357	24	哈尔滨市	0.211
7	鄂尔多斯市	0.300	25	邯郸市	0.191	7	临汾市	0.312	25	绍兴市	0.197
8	南京市	0.299	26	佛山市	0.190	8	上海市	0.298	26	营口市	0.194
9	来宾市	0.297	27	大同市	0.188	9	清远市	0.294	27	常州市	0.189
10	漳州市	0.294	28	吉林市	0.188	10	渭南市	0.294	28	攀枝花市	0.188
11	天津市	0.283	29	成都市	0.181	11	包头市	0.286	29	杭州市	0.187
12	洛阳市	0.274	30	长治市	0.176	12	曲靖市	0.275	30	嘉兴市	0.184
13	北京市	0.272	31	绍兴市	0.172	13	石嘴山市	0.274	31	呼和浩特市	0.183
14	郑州市	0.249	32	泉州市	0.169	14	无锡市	0.256	32	鞍山市	0.179
15	石家庄市	0.249	33	宁波市	0.166	15	鄂尔多斯市	0.249	33	通辽市	0.175
16	渭南市	0.216	34	安阳市	0.166	16	临沂市	0.243	34	六盘水市	0.175
17	临汾市	0.216	35	包头市	0.163	17	福州市	0.235	35	潍坊市	0.175
18	大连市	0.214				18	天津市	0.235			

注：颜色由深到浅分别为高等级、次高等级和较高等级。

2006—2019 年中国城市工业资源压力变异系数和泰尔指数分别从
1.62、0.69 下降至 1.20、0.49，Moran's Ⅰ指数由 0.239 增长至

0.275，且通过 0.001 水平的显著性检验。说明中国工业资源压力在城市内部之间的差异减小，彼此之间互促共进效应不断增大。分析2006 年和 2019 年工业资源压力的集聚特征（见表 4-5）。2006—2019 年工业资源压力的高—高集聚区域在长三角地区扩散，由南通、苏州扩大到上海至镇江沿线及浙江省的嘉兴、绍兴、台州；珠三角地区的高—高集聚区缩小，由广州、东莞、中山、深圳、惠州、佛山 6个城市缩小为广州、东莞、深圳、惠州 4 个城市；山东半岛城市群的烟台和东营成为新的高—高集聚区。2006 年工业资源压力的低—低集聚区主要分布在陕甘川三省交界地区，云南省西南部，广东省梅州和茂名、江西省赣州。2019 年低—低集聚区主要在陕甘川地区、云南省西南部，此外在江西省东部城市、黑龙江双鸭山有小规模集中。

表 4-5　　　　2006 年和 2019 年中国城市工业发展的资源压力
集聚特征划分

集聚类型	2006 年	2019 年
高—高集聚	天津市、苏州市、南通市、镇江市、广州市、深圳市、佛山市、惠州市、东莞市、中山市	上海市、无锡市、常州市、苏州市、南通市、镇江市、泰州市、嘉兴市、绍兴市、台州市、东营市、烟台市、广州市、深圳市、惠州市、东莞市
高—低集聚	重庆市、攀枝花市、西安市	柳州市、重庆市、成都市、西安市、兰州市、嘉峪关市
低—高集聚	承德市、廊坊市、泰州市、嘉兴市、湖州市、舟山市、宣城市、韶关市、清远市	承德市、沧州市、廊坊市、湖州市、舟山市、宣城市、日照市、中山市
低—低集聚	临汾市、景德镇市、赣州市、茂名市、梅州市、南宁市、绵阳市、广元市、南充市、巴中市、六盘水市、昆明市、保山市、普洱市、临沧市、延安市、汉中市、榆林市、金昌市、天水市、平凉市、庆阳市、陇南市、吴忠市	双鸭山市、阜阳市、景德镇市、赣州市、商丘市、攀枝花市、绵阳市、广元市、南充市、巴中市、保山市、普洱市、临沧市、金昌市、天水市、平凉市、陇南市、固原市

第四节　中国工业发展的环境压力
多尺度时空演化特征

一　从不同尺度上，中国工业发展的环境压力呈现波动性下降趋势

2006—2019 年，中国工业发展的环境压力总体呈现波动性下降的变化趋势，工业发展的环境压力评价值从 0.092 降低到 0.089，降幅为 2.6%。从大区尺度和城市群尺度上，工业发展的环境压力的时序特征同样呈现波动性下降的趋势。分时段看，2006—2010 年，中国工业发展的环境压力评价值从 0.092 上升至 0.110，增幅 16.8%。这一时段受到金融危机影响，资源驱动工业经济增长明显，加之环境政策宽松，监管体系不健全，工业污染程度加剧。2010—2019 年，中国工业发展的环境压力呈现波动性下降趋势。其中，2012 年中国工业发展的环境压力评价值降低至最低值 0.046，主要是由于"十二五"期间，主要污染物总量减排目标和措施更为严格，治污设施大规模建设，为环境治理提供了有力保障。2014 年和 2017 年成为工业发展的环境压力的小高峰。2013—2014 年秋冬季"雾霾"席卷中国中东部地区，烟（粉）尘统计口径中加入了细颗粒物，工业发展的环境压力突增。2017 年，全国仍有 70.7% 的城市环境空气质量不达标，大气环境整体形势依然不容乐观。随着治霾力度加大，工业结构不断调整，工业生产技术水平不断提高，工业发展的环境压力开始回落。

二　大区尺度上，工业发展的环境压力呈现东部地区最大、东北和中部地区交替的空间格局

2006—2010 年中国各区域工业环境压力缓慢波动上升，2011—2019 年各区域工业环境压力呈波动变化状态，对比 2006 年和 2019 年各区域工业环境压力，东北和中部地区城市工业环境压力多年波动下降，东部和西部地区多年波动上升[见图 4-4(a)]。2011 年伴随"十二五"时期一系列节能减排措施的实施，各区域工业环境压力均出现大幅下降，2013—2014 年环境压力又出现反弹，随着各地区《大气污染防治规划》《大气污染防治行动计划实施方案》等的颁布实施，2015 年工业环境压力开始呈下降态势，2016 年和 2017 年又出现反弹趋势，2018 年以后缓慢下降并趋于平稳。总体来看，2011—2019 年工业环境压力要远小于 2006—2010 年，但是后期呈剧烈波动变化状态，这与当前中国越来越严格的环境污染治理与工业化进程推进、工业结构转型升级之间的互动博弈有关。

东部地区的工业环境压力始终最大，东北地区工业环境压力 2006—2010 年位居第二，2011—2019 年变为第三，这是因为东北地区是中国的传统老工业基地，以石油化工等为主的高能耗产业集聚，因此前期工业环境压力大，随着中国市场经济的不断深化，东北地区以国有经济为主的工业市场份额逐渐缩小，另外伴随生产性资源不断枯竭，很多资源密集型产业也逐渐萎缩，工业环境压力大幅度下降。中部地区不断承接大量东部地区的资源和能源密集型产业，工业环境压力不断增大，但随着生产水平不断提高，环境规制不断增强，环境压力出现下降的趋势。

2006—2019 年各区域工业环境压力变异系数与泰尔指数变化趋势总体相似。西部地区、东部地区、中部地区、东北地区变异系数和泰尔指数多年平均值由大到小分别为 1.04、0.86、0.76、0.70 和 0.39、0.31、0.22、0.22，且东部、西部地区波动性下降，东北、中部地区逐渐增大［见图 4-4（b）、（c）］。说明东北地区城市间工业环境压力空间差异最小，但不断增大；西部地区城市间工业环境压力空间差异最大，但不断下降。

依据泰尔指数，考察地区间与地区内差异对区域空间差异的贡献率来看，地区内贡献率都在 83.11%—95.89%，东部、西部、中部和东北地区区域内差异对总体差异的贡献率的平均值分别为 39.11%、27.85%、15.04%、6.46%［见图 4-4（d）］。因此，中国工业环境压力的区域差异主要是由东部和西部地区内部差异引起。

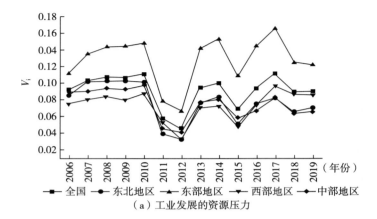

（a）工业发展的资源压力

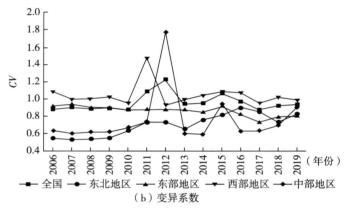

（b）变异系数

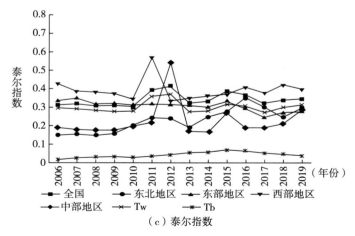

（c）泰尔指数

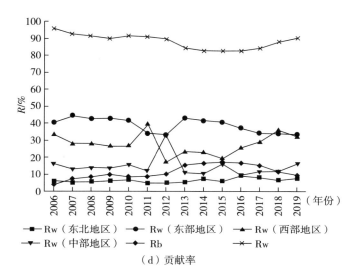

图 4-4　2006—2019 年中国工业发展的环境压力大区变化趋势

三　城市群尺度上，国家级城市群工业发展的环境压力最大，区域性城市群和地区性城市群交替的空间格局

对比各等级城市群工业发展的环境压力，国家城市群工业发展的环境压力一直最高［见图 4-5（a）］，这与前文工业发展的资源压力大的原因一致，是国家级城市群高密度、大规模的工业集聚造成的。以 2009 年为界划分为两个阶段，第一阶段区域性城市群工业发展的环境压力大于地区性城市群，第二阶段地区性城市群工业发展的环境压力增大，超过区域性城市群。中国积极推进西部大开发战略以推动趋于均衡发展，位于西部地区的地区性城市群工业经济得到更快的发展。虽然工业技术的改善有利于环境压力的降低，但工业污染降低程度在地方级城市群表现不明显，导致了地区性城市群工业发展的环境压力大于区域性城市群。

对比 2006—2019 年各等级城市群工业发展的环境压力的变异系数和泰尔指数，国家级、区域性、地区性城市群多年平均值分别为 0.92、0.84、0.60、0.31、0.28、0.18［见图 4-5（b）、（c）］。各等级城市群工业发展的环境压力空间差异由大到小分别为国家级城市群、区域性城市群、地区性城市群。国家级城市群和地区性城市群总体呈现波动性减小的趋势，区域性城市群呈现波动性增大的趋势。

从城市群间与城市群内差异对工业发展的环境压力空间差异的贡献率来看[见图4-5(d)]，2006—2019年城市群内贡献率在47.16%—98.74%波动，国家级城市群、区域性城市群和地区性城市群内部差异贡献率平均值分别为31.02%、21.36%和3.60%。说明从城市群尺度度量工业发展的环境压力的区域差异主要来源于国家级城市群内部。

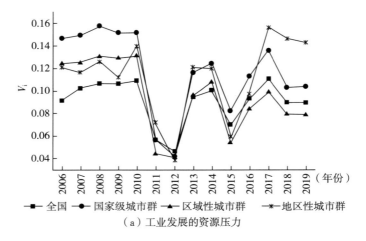

（a）工业发展的资源压力

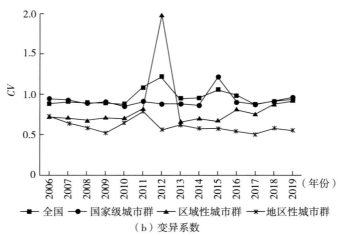

（b）变异系数

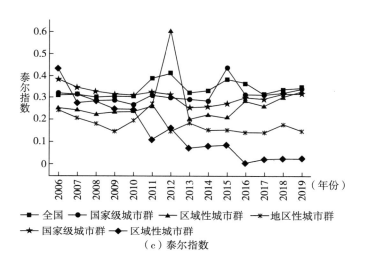

（c）泰尔指数

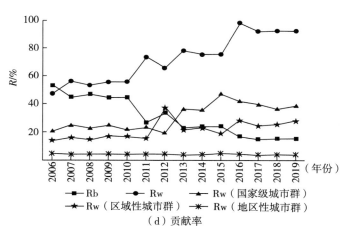

（d）贡献率

图 4-5　2006—2019 年中国工业发展的环境压力城市群变化趋势

具体到各等级城市群内部的工业发展的环境压力（见图 4-6）。国家级城市群中，京津冀和长三角城市群工业发展的环境压力明显，长江中游城市群压力最小，成渝城市群降幅明显。区域性城市群中，山东半岛和辽中南城市群工业发展的环境压力明显，北部湾城市群压力最小，哈长、关中平原和中原城市群工业发展的环境压力降幅明显。地区性城市群中，呼包鄂榆城市群工业发展的环境压力最为明显，晋中城市群降幅明显，兰西城市群和黔中城市群压力最小。

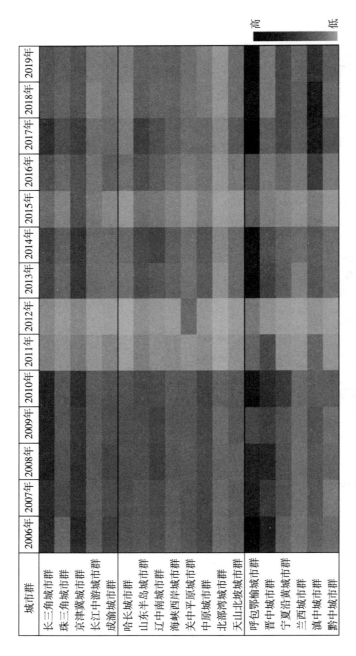

图 4-6　2006—2019 年城市群工业发展的环境压力变化趋势

四　中国城市工业发展的环境压力呈"东高西低，北高南低"的空间分布特征，空间集聚程度下降

比较2006年和2019年中国城市工业发展的环境压力的空间格局（见表4-6），总体均呈现由沿海向内陆逐渐降低的趋势。东部沿海地区工业环境高值区主要分布在山东省、江苏省、福建省以及广东省内的城市，中部地区工业发展的环境压力高值区少于东部地区，主要分布在山西省，西部地区高值区较少，主要分布在四川省的部分城市和重庆市。另外工业发展的环境压力高等级和较高等级城市沿省域交接地区分布特征明显，例如陕晋交界的临汾市、吕梁市、榆林市，京津

表4-6　2006年和2019年中国工业发展的资源压力前35位城市

2006年						2019年					
排序	城市	评价值	排序	城市	评价值	排序	城市	评价值	排序	城市	评价值
1	上海市	0.690	19	鄂州市	0.120	1	东莞市	0.782	19	西安市	0.290
2	广州市	0.542	20	常州市	0.119	2	上海市	0.781	20	昆明市	0.242
3	东莞市	0.407	21	淮南市	0.119	3	深圳市	0.642	21	包头市	0.232
4	深圳市	0.329	22	牡丹江市	0.117	4	苏州市	0.627	22	大庆市	0.231
5	苏州市	0.282	23	湘潭市	0.113	5	重庆市	0.528	23	珠海市	0.230
6	天津市	0.270	24	兰州市	0.112	6	南京市	0.514	24	本溪市	0.228
7	北京市	0.267	25	青岛市	0.108	7	武汉市	0.512	25	铁岭市	0.223
8	南京市	0.242	26	武汉市	0.107	8	天津市	0.477	26	成都市	0.222
9	吉林市	0.216	27	鞍山市	0.104	9	广州市	0.467	27	常州市	0.222
10	佛山市	0.208	28	本溪市	0.101	10	潍坊市	0.437	28	烟台市	0.220
11	唐山市	0.190	29	大连市	0.101	11	绍兴市	0.412	29	南通市	0.214
12	重庆市	0.174	30	沈阳市	0.098	12	无锡市	0.401	30	沈阳市	0.212
13	杭州市	0.170	31	柳州市	0.095	13	宁波市	0.400	31	大连市	0.210
14	淄博市	0.167	32	包头市	0.093	14	青岛市	0.370	32	佛山市	0.208
15	宁波市	0.154	33	济南市	0.091	15	北京市	0.365	33	淄博市	0.203
16	无锡市	0.148	34	成都市	0.090	16	滨州市	0.336	34	鄂尔多斯市	0.203
17	大庆市	0.123	35	太原市	0.090	17	杭州市	0.330	35	金华市	0.203
18	西宁市	0.123				18	唐山市	0.300			

注：颜色由深到浅分别为高等级、次高等级和较高等级。

冀交界的唐山市，苏浙沪交界的嘉兴市，陕晋豫交界的渭南市。这是因为中国区域经济的组织主要以行政区经济为主，在行政区交界地区，由于权属不清、环境监管薄弱等，往往成为环境污染监管的盲点地区，导致环境污染压力较大。北方地区工业发展的环境压力高值区形成渭南—临汾—吕梁—榆林的带状分布，围绕辽东湾形成大连—营口—鞍山的组团分布，京津冀地区的津唐两市，山东省内围绕济南市形成滨州—淄博—潍坊—烟台的带状分布；南部地区高值区空间范围较小，主要分布在以上海—南京—杭州为中心形成以苏南城市和浙北城市为主的团状分布，以广州为中心的广州—佛山—东莞团状分布。

对比 2006 年和 2019 年工业发展的环境压力空间集聚特征（见表 4-7）。2006 年工业发展的环境压力高—高集聚区主要分布在山西省与河北省、河南省交界城市，四川省与重庆市交界城市，江苏省与上海交界城市。这些城市大多工业发达，形成工业集聚区，特别是晋冀豫地区很多都是资源型城市，污染排放严重。长三角的上海市、江苏省与浙江省交界城市。低—低集聚区主要分布在甘肃省，四川省北部，广东省潮汕地区，河南省和安徽省部分城市，这些城市与邻近城市相比，工业发展规模小，产生的环境压力不明显。2019 年工业发展的环境压力高—高集聚区主要分布在内蒙古的呼包鄂，长三角的上海市、江苏省与浙江省交界城市，环渤海地区的天津市、承德市，山东省中东部城市。与 2006 年相比，沿海城市工业发展迅速，但是技术进步较慢、环境监管措施不够等可能造成这些城市工业污染物排放增多，环境压力增加。低—低集聚区主要分布在甘肃省东南部，四川省北部，河南省东南部，黑龙江省中部，广东省和广西壮族自治区交界城市。与 2006 年相比，黑龙江省成为新的工业发展的环境压力低—低集聚区，但是随着资源枯竭，这些城市资源型产业逐渐萎缩，工业污染物排放规模随之减小。

表 4-7 **2006 年和 2019 年中国城市工业发展的环境压力集聚特征划分**

集聚类型	2006 年	2019 年
高—高集聚	天津市、邢台市、保定市、阳泉市、长治市、晋城市、晋中市、运城市、忻州市、呼和浩特市、上海市、无锡市、常州市、苏州市、南通市、泰州市、嘉兴市、绍兴市、洛阳市、焦作市、广安市	天津市、承德市、呼和浩特市、包头市、鄂尔多斯市、上海市、无锡市、苏州市、南通市、嘉兴市、湖州市、厦门市、泉州市、淄博市、东营市、广州市、遵义市、银川市
高—低集聚	淮南市、成都市	哈尔滨市、阜阳市、上饶市、重庆市、成都市、嘉峪关市
低—高集聚	承德市、廊坊市、乌海市、巴彦淖尔市、湖州市、金华市、舟山市、宣城市、厦门市、十堰市、资阳市、遵义市、安康市	秦皇岛市、巴彦淖尔市、泰州市、舟山市、龙岩市、延安市
低—低集聚	六安市、池州市、信阳市、周口市、汕头市、汕尾市、揭阳市、攀枝花市、绵阳市、广元市、普洱市、临沧市、兰州市、嘉峪关市、金昌市、白银市、天水市、张掖市、平凉市、酒泉市、定西市、陇南市	鹤岗市、双鸭山市、漯河市、南阳市、商丘市、信阳市、周口市、张家界市、湛江市、茂名市、揭阳市、梧州市、钦州市、玉林市、绵阳市、广元市、南充市、巴中市、保山市、宝鸡市、汉中市、天水市、平凉市、陇南市

第五节 中国工业发展的资源环境压力阶段性规律验证

分别以工业发展的资源压力和环境压力为被解释变量，以工业化水平（工业增加值占 GDP 的比重）及其二次项和三次项为解释变量，验证随工业化进程推进，工业化水平提高，中国工业发展的资源压力和环境压力的变化规律。以工业化率在 30%、40%、70% 为分割点，综合 GDP、工业增加值情况，将城市工业化率在 0—30% 并且 GDP 和工业增加值在前 1/3 的城市对应 S_4 阶段，其他为 S_1 阶段；将城市工业化率在 30%—40% 并且 GDP 和工业增加值在 1/3 的城市对应 S_3 阶段，其余城市为 S_2 阶段；划分完成后剔除异常值。

中国工业发展的资源压力阶段性规律验证表明，随着工业化率由 10%—75% 的变化，中国工业发展的资源压力处于增长状态。分阶段看，工业化率在 10%—30% 且经济发展处于较低水平时，工业发展的资源压力处于缓慢增长的趋势［见图 4-7（a）］。与工业化前期相比，工业化中期工业经济处于快速增长阶段，与此相对应，工业发展的资源压力增长速度较快［见图 4-7（b）］。工业化后期，工业经济处于相对高水平稳步发展阶段，工业发展的资源压力平缓发展并略有下降［见图 4-7（c）］。随着经济进一步发展，工业化率下降至 30% 以下，工业发展的资源压力继续呈现略有下降的趋势［见图 4-7（d）］。中国工业发展的资源压力的演变规律与理论上的演变规律相对应。

中国工业发展的环境压力的阶段性规律验证表明，随着工业化率逐渐增长至 70% 且经济快速发展过程中，中国工业发展的环境压力处于增长状态，随着工业化率逐步降低且经济处于较高水平波动的过程中，中国工业发展的环境压力处于降低状态。分阶段看，工业化率在 10%—30% 且经济发展水平较低时，工业发展的环境压力处于缓慢增长并呈快速增长的趋势［见图 4-8（a）］。工业化率由 30%—70% 的快速增长过程中，工业发展的环境压力也随之增长［见图 4-8（b）］。工业化率向 30%—40% 回落，第三产业在经济发展中占有较高比重时，工业发展的环境压力下降趋势明显［见图 4-8（c）］。工业化率进一步降低至 30% 以下，经济发展水平更高时，工业发展的环境压力呈现出波动性下降的趋势［见图 4-8（d）］。中国工业发展的环境压力的演变规律与理论上的演变规律相对应。

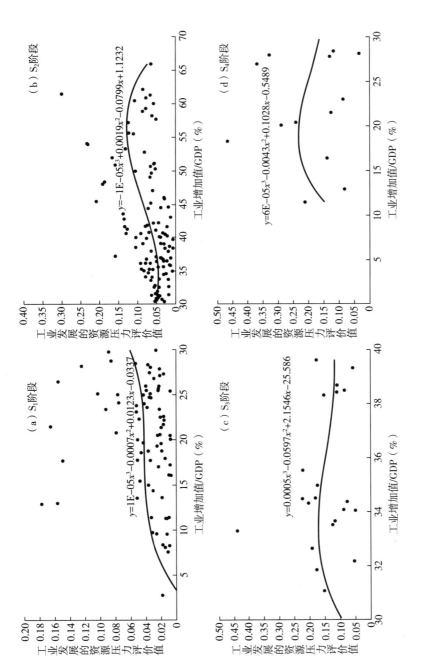

图 4-7　中国工业发展的资源压力的阶段性规律验证

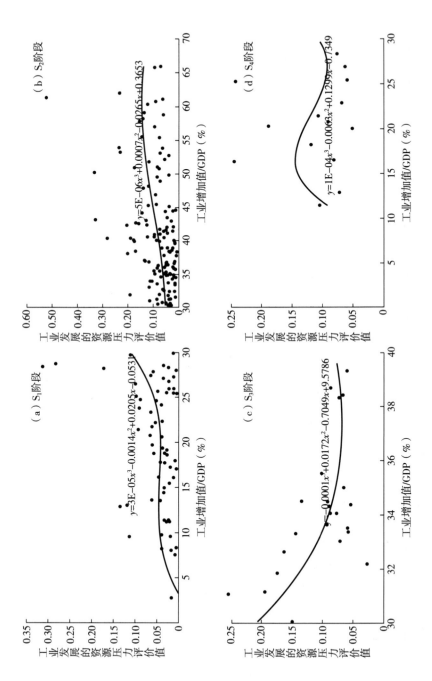

图4-8 中国工业发展的环境压力阶段性规律验证

第六节　本章小结

本研究选择的 2006 年和 2019 年两个节点，正是由旧常态向新常态过渡的阶段。在这个阶段，中国第三产业增加值开始超过第二产业，最终消费对经济增长的贡献率开始超过投资，高新技术产业和装备制造业开始引领工业发展，中国经济发展结构整体的优化态势明显。同时，必须清醒地看到，由于以"多消耗、多废弃追求多生产、多效益"的工业发展模式根深蒂固，发达地区的资源环境压力依然集中；尤为堪忧的是，欠发达地区的资源环境压力加速增大，"先发展、后治理"的发展路径正在被复制。

2006—2019 年，中国工业发展的资源压力逐步上升。大区尺度上，呈现"东部>东北>中部>西部"的空间格局，空间差异由"东部>西部>中部>东北"演变为"西部>东部>中部>东北"。城市群尺度上，呈现由国家级城市群向地方级城市群层级递减趋势。城市尺度上，工业发展的资源压力集聚程度增强，热点范围扩大。

2006—2019 年，中国城市工业发展的环境压力波动性下降。大区尺度上，东部地区工业发展的环境压力最高，东北地区降速最快；空间格局表现为由"东部>东北>中部>西部"转变为"东部>中部>东北>西部"；空间差异呈现"西部>东部>中部>东北"的演变趋势。城市群尺度上，呈现国家级城市群最高，区域性城市群和地区性城市群交替的空间格局；空间差异由大到小分别为国家级城市群、区域性城市群、地区性城市群。城市尺度上，工业发展的环境压力呈"东高西低，北高南低"的空间分布特征，空间集聚程度下降。

分别验证中国工业发展的资源压力和环境压力随工业化率的演变趋势与理论的对应，认为，中国工业发展的资源压力符合工业发展的资源压力 S 形的曲线变化规律，中国工业发展的环境压力符合工业发展的环境压力倒 U 形的曲线变化规律。

第五章　中国工业发展的资源环境压力
影响因素及作用机制

本书第四章采用 2006—2019 年工业发展的资源环境压力面板数据，从时间和空间维度研究了大区—城市群—城市工业发展的资源压力和环境压力的演变轨迹和空间特征。工业发展的资源压力和环境压力的产生是工业经济发展的伴生物，资源消耗量和污染产生量的多少也受到工业发展各要素的影响。因此，本章借鉴已有研究，分别以 2006—2019 年工业发展的资源压力和环境压力为因变量，采用空间杜宾模型，分析工业生产效益、产业结构、工业生产力水平、工业产业集聚、工业开放水平、环境规制、工业资产规模等因素对工业发展的资源环境压力的影响。第一，构建工业发展的资源环境压力影响因素测度模型。第二，分析不同尺度上工业发展的资源压力影响因素，对比不同尺度下，影响因素对工业发展的资源压力的影响。第三，分析不同尺度上工业发展的环境压力影响因素，对比不同尺度下，影响因素对工业发展的环境压力的影响。第四，总结中国工业发展的资源压力和环境压力的作用机制，对比工业发展的资源压力和环境压力作用机制。

第一节　工业发展的资源环境压力影响
因素测度模型

一　解释变量选取

影响工业发展的资源环境压力因素众多。胡志强等从经济发展水平、人口密度、产业结构、外资利用水平、科技支出水平和能源强度

6 个方面对工业污染的影响因素进行了考察。[1] 屈小娥等从环境规制强度、研发支出强度、投资规模、能源结构、国有比重、外资比重、政策效应 7 个方面对工业环境污染的影响因素进行了识别。[2] 贺灿飞等基于对不同工业部门污染排放强度差异的判断，在分析产业转移的环境效应研究中关注了地区工业结构对环境的影响。[3]

　　结合工业发展的特点，同时考虑到地级市数据的可获得性，以工业发展的资源环境压力值为因变量，选取工业增加值（X_1）、工业增加值占 GDP 比重（X_2）、工业全员劳动生产率（X_3）、规模以上工业企业数（X_4）、工业外资企业（包含港澳台）产值占工业总产值的比重（X_5）、"三废"处理率平均值（X_6）、工业总资产（X_7）为自变量，分别对应分析工业生产效益、产业结构、工业生产力水平、工业产业集聚、工业开放水平、环境规制、工业资产规模等因素对工业发展的资源环境压力变化产生的影响（见表 5-1）。

表 5-1　　　　　中国工业发展的资源环境压力影响因素变量说明

含义	变量名
工业增加值（X_1）	工业生产效益
工业增加值占 GDP 比重（X_2）	产业结构
工业全员劳动生产率：工业企业工业增加值与全部从业人员数的比值（X_3）	工业生产力水平
规模以上工业企业数（X_4）	工业集聚
工业外资企业（包含港澳台）产值占工业总产值的比重（X_5）	工业开放水平
"三废"处理率平均值（X_6）	环境规制
工业总资产（固定资产与流动资产的总和）（X_7）	工业资产规模

二　基本模型设定

　　在不考虑空间效应的情况下，本研究根据传统计量经济模型，基于面板数据，将以上 7 个影响因素，纳入基本分析模型中。基本分析

　　① 胡志强、苗健铭、苗长虹：《中国地市尺度工业污染的集聚特征与影响因素》，《地理研究》2016 年第 8 期。
　　② 屈小娥：《中国工业行业环境污染综合评价：基于 Topsis 的实证分析》，《产业经济研究》2014 年第 4 期。
　　③ 贺灿飞、周沂、张腾：《中国产业转移及其环境效应研究》，《城市与环境研究》2014 年第 1 期。

模型表达如下：

$$\ln Y = \beta_0 + \beta_1 \ln X_1 + \beta_2 \ln X_2 + \beta_3 \ln X_3 + \beta_4 \ln X_4 + \beta_5 \ln X_5 + \beta_6 \ln X_6 + \beta_7 \ln X_7 + \varepsilon$$

$$(5-1)$$

式（5-1）中，Y 为工业发展的资源压力评价值；X_1，$\cdots$，X_7 分别为工业增加值、工业增加值占 GDP 比重、工业全员劳动生产率、规模以上工业企业数、工业外资企业（包含港澳台）总产值占比、"三废"处理率平均值、工业总资产；β 为模型参数；ε 为误差随机项；对工业增加值、规模以上工业企业数、工业全员劳动生产率和工业总资产取自然对数，以减少异方差对模型估计的影响。[①]

三 空间杜宾模型设定

根据地理学第一定律，空间距离较近的事物存在明显空间依赖性，而空间计量模型可有效解决这种空间依赖性问题。空间杜宾模型是一般化的空间面板形式，同时考虑了内生效应和外生效应，并在空间计量研究中得到了更广泛的应用。因此，采用空间杜宾模型能更精确地估计各因子对工业发展的资源环境压力的影响及其空间依赖性。计算公式为：

$$Y_{it} = \rho \sum_{j=1}^{n} W_{ij} Y_{jt} + \beta X_{it} + \sum_{j=1}^{n} W_{ij} X_{i,j,t} \gamma + \mu_i + \lambda_t + \varepsilon_{it} \quad (5-2)$$

式（5-2）中，Y_{it} 为工业发展的资源压力和环境压力；ρ 为回归系数，W 表示空间权重矩阵；β 为解释变量的估计系数；$X_{i,j,t}$ 为 i 单元 t 时期自变量的行变量；γ 为解释变量的空间效应系数；μ_i 为空间固定效应，表示控制了所有空间固定且不随时间变化的变量；λ_t 为时间固定效应，表示控制了所有时间固定且不随空间变化的变量；ε_{it} 为随机误差项。

首先在 SPSS 中分析各影响因素之间的相关性，发现相关系数均小于 0.8，然后采用最小二乘法（OLS）对模型进行估计，发现每个变量的方差膨胀因子（VIF）均小于临界值 10，表明模型不存在多重共线性的问题。

---

① Lin Xueqin and Wang Dai and Si Yuefang, "Spatially differentiated features of coal resource utilization efficiency in China", *Energy & Environment*, Vol. 26, No. 12, 2015.

第二节　不同尺度上工业发展的
资源压力影响因素

一　全国城市尺度上工业发展的资源压力影响因素

分析全国城市尺度上工业发展的资源压力影响因素及其外生交互效应（见表 5-2）。对中国城市工业资源压力具正向影响的因素由大到小依次为工业总资产、工业增加值、"三废"处理率平均值。"三废"处理率的提高会实现工业废物的资源化，进而减少资源的开发利用，降低资源压力。但从模型分析的结果来看，"三废"处理率与工业资源压力呈协同增长的效应，这是因为由于数据可获性，本书选取的"三废"处理率指标，主要为大气污染物处理指标，包括工业 SO_2、工业烟（粉）尘处理率，而和资源处理率相关的指标仅有工业废水处理率，因此更多体现出工业废弃物处理带来的设备资源投入效应，进而与工业资源压力呈协同增长特征。

表 5-2　　　　　全国尺度工业发展的资源压力影响因素

变量	全国		变量	全国	
	系数	T 值		系数	T 值
$\beta1$	0.162 ***	5.24	$W×\beta1$	0.415 ***	3.87
$\beta2$	−0.041	−0.93	$W×\beta2$	−0.561 ***	−3.77
$\beta3$	−0.058 **	−2.87	$W×\beta3$	0.049 *	2.17
$\beta4$	−0.061 *	−2.15	$W×\beta4$	0.126	1.7
$\beta5$	−0.026 *	−2.19	$W×\beta5$	0.062	1.22
$\beta6$	0.089 ***	3.35	$W×\beta6$	−0.199	−1.53
$\beta7$	0.187 ***	7.93	$W×\beta7$	−0.333 ***	−4.67
ρ	0.339 ***	4.17			
$\sigma2$	0.115 ***	44.65			

续表

变量	全国		变量	全国	
	系数	T 值		系数	T 值
R2	0.481	—			

注：＊代表 10% 水平下显著，＊＊代表 5% 水平下显著，＊＊＊代表 1% 水平下显著。

与城市工业资源压力呈负相关的指标由大到小依次为工业企业数、工业全员劳动生产率、工业外资企业产值占工业总产值的比重，即工业生产水平越高，工业外资企业产值比重越大，城市的工业资源压力越小。

观察城市尺度上工业资源压力影响因素的外生交互效应，本地区工业生产规模、工业生产水平的提升会增加邻近城市的工业资源压力，而工业化水平提高则有利于邻近城市工业资源压力的降低。

二 大区尺度上工业发展的资源压力影响因素

从表 5-3 可以看出，2006—2019 年东部地区工业资源压力的正向影响因素为工业总资产，这是因为东部地区工业生产规模和工业基础设施建设投资规模扩大，对资源型生产要素投入保持有旺盛需求，表现为工业生产规模扩大，工业资产增加与工业资源压力的正向协同增大；工业资源压力的负向影响因素为工业增加值占 GDP 比重和工业外资产值占工业总产值的比重，即工业化水平越高，外向程度越高，工业资源压力越小。这是因为随着工业化水平提高，高资源消耗工业在工业结构中的占比越低，同时外资引入的技术效应提高了工业发展的资源使用效率，因此工业资源压力也就越小。

东北地区工业资源压力的正向影响由大到小依次为工业增加值和"三废"处理率平均值。东北地区本身资源密集型工业集聚规模大，"三废"处理率平均值的提高在一定程度上推动了资源投入的增加，与资源压力表现出协同增长效应；而作为中国传统的老工业基地，工业基础好、规模大、资源型产业占比高、资源消耗量大，因此工业资源压力随着工业增加值的增加而呈增大的态势。工业资源压力的负向影响因素为规模以上工业企业数，工业企业集聚有利于资源循环利用，提高资源使用效率。

中部地区工业资源压力的正向影响由大到小依次为工业增加值、工业总资产、规模以上工业企业数。这与东部地区资源型生产要素投入增加，规模性要素与工业资源压力的正向协同作用一致。工业资源压力的负向影响由大到小依次为工业增加值占 GDP 比重和工业外资企业产值占工业总产值的比重，即工业化率越高、工业外资占比越高，工业资源压力越小。这是因为中部地区外商投资多集中在先进制造业如新能源、新材料、电子信息产业等，外商投资带来的先进生产技术具有辐射带动作用，推动了工业资源利用效率的提高。

西部地区工业资源压力与工业增加值、"三废"处理率平均值呈显著正相关，这与西部地区工业的规模化和粗放式发展以及环境规制的技术要求密切相关。工业资源压力与工业全员劳动生产率、工业外资企业产值占工业总产值的比重呈显著负相关，这与中部地区工业外商投资对行业技术进步的示范和带动效应一致。

观察区域层面城市资源压力各影响因素的外生交互效应。东部地区，本地区工业生产规模的提高有利于邻近城市工业资源压力的降低。主要是本地区工业生产率提高吸引工业产业追求规模经济而产生集聚，从而降低邻近城市资源压力。本地区工业化率的提高会引起邻近城市的效仿效应，从而加大生产力度，消耗更多的资源。中部地区，工业增加值表现出相同的作用，本地区产业集聚有利于降低邻近城市工业资源压力。东北地区，本地区环境规制的提高有利于邻近城市工业资源压力的降低，本地区产业结构优化、劳动生产率提高会吸引工业企业集聚，也使得本地区环境治理效率提升，从而降低邻近城市工业资源压力。西部地区，本地区产业结构优化和环境规制会降低邻近城市工业资源压力。中部和西部地区承接产业转移时，产业结构优化、产业集聚程度高的城市往往更能吸引工业投资，因此邻近城市的工业资源压力相对较低。

表 5-3　　　　　　大区尺度上工业发展的资源压力影响因素

变量	东部地区		东北地区		中部地区		西部地区	
	系数	T 值	系数	T 值	系数	T 值	系数	T 值
$\beta 1$	0.109*	2.29	0.157*	2.14	0.304***	5.5	0.304***	3.4
$\beta 2$	-0.296***	-3.86	0.013	0.15	-0.262**	-2.89	0.030	0.26
$\beta 3$	0.027	0.96	-0.107	-1.90	-0.023	-0.62	-0.127**	-3.04
$\beta 4$	-0.055	-1.11	-0.159**	-3.11	0.131*	2.5	0.018	0.25
$\beta 5$	-0.084**	-2.91	0.018	0.67	-0.069**	-3.01	-0.018	-0.81
$\beta 6$	0.005	0.08	0.126*	2.51	0.093	1.8	0.116*	2.54
$\beta 7$	0.386***	10.11	0.084	1.42	0.170***	3.84	-0.165***	-3.39
$W \times \beta 1$	-0.015	-0.13	0.275	0.77	0.529*	1.99	0.553*	2.26
$W \times \beta 2$	0.830**	2.84	-0.634	-1.13	-0.132	-0.40	-0.931***	-3.46
$W \times \beta 3$	-0.018	-0.55	0.079	1.01	-0.029	-0.65	0.102*	2.11
$W \times \beta 4$	-0.297*	-2.08	-0.094	-0.72	-0.628*	-2.45	0.203	1
$W \times \beta 5$	-0.096	-1.34	0.438	1.79	0.069	0.55	0.084	0.95
$W \times \beta 6$	0.876	1.76	-0.528**	-2.91	0.685	1.18	-0.455*	-2.44
$W \times \beta 7$	-0.141	-1.21	0.129	0.52	-0.407**	-2.66	-0.311	-1.83
ρ	0.404***	3.86	-0.005	-0.02	0.081	0.45	0.076	-0.64
σ^2	0.063***	24.65	0.070***	15.43	0.091***	23.66	0.190***	-24.25
R^2	0.691	—	0.205	—	0.494	—	0.37	—

注：*代表10%水平下显著，**代表5%水平下显著，***代表1%水平下显著。

三　城市群尺度上工业发展的资源压力影响因素

　　城市群尺度上，国家级城市群工业发展的资源压力的正向影响因素为规模以上工业企业数，负向影响因素为工业外资企业产值占工业总产值的比重（见表5-4）。北京、天津、广州、苏州等城市集聚了一批国家级经济技术开发区，其中产业园区建设带动了资源要素的消耗规模，但是这些园区信息技术产业和制造业集聚，国外先进企业和技术引进有利于强化产业链条和支持科技研发，促进资源集约利用。

　　区域性城市群城市工业资源压力的正向影响因素由大到小分别为

工业总资产和工业增加值（见表5-4）。区域性城市群不断崛起壮大的过程中，工业发展起到了必不可少的支撑作用，工业资产规模和生产效益促进工业发展的同时，在技术性改革和集聚效应不能产生明显的资源节约利用的情况下，必然会引起工业土地、水以及能源资源的大规模消耗。

地区性城市群城市工业资源压力的正向影响因素由大到小分别为工业增加值、工业企业数、工业化率和工业总资产（见表5-4）。负向影响因素为劳动生产率。地区性城市群在成长过程中，承接了一批企业转移，增加了区域性城市群中城市工业集聚程度和工业发展规模，提高了其工业化程度，但是产业之间关联度有待进一步提高，使得资源利用程度不高，资源消耗规模增加。地区性城市群招商引资和承接产业转移力度不断加强，更能够促使跨境工业区、出口加工区等类型的产业园区设立，这些园区内企业具有显著的溢出和关联效应，会促进当地企业进行学习，改进技术，提高资源利用效率，降低资源压力。

观察城市群层面城市资源压力各影响因素的外生交互效应（见表5-4）。国家级城市群各影响因素的外生交互效应不明显。区域性城市群，本地区工业增加值提高会增加邻近城市工业资源压力，工业化率和总资产提高则会降低邻近城市工业资源压力。随着经济逐步高质量发展，区域性城市群得到快速成长，城市群内部一体化程度高，当本地区工业生产效益提高时，也带动了生产要素向邻近城市流动，造成了邻近城市资源消耗的增长。工业结构优化和资产规模扩大带来的溢出效应有利于邻近城市资源使用效率提升，从而降低资源压力。地区性城市群，工业总资产和劳动生产率提高会增加邻近城市工业资源压力，而"三废"处理率平均值的提高则有利于邻近城市工业资源压力降低。地区性城市群中城市工业规模化发展和劳动生产率提高引起周边城市效仿，但是地区性城市群在经济发展水平、基础设施保障、技术革新等方面都不能有效提高资源集约利用时，将会造成资源压力的提升。环境规制的提高无论在本地区或者是邻近城市都会在一定程度上制约工业粗放式增长，降低工业发展的资源压力。

表 5-4 城市群尺度工业发展的资源压力影响因素

变量	国家级城市群		区域性城市群		地区性城市群	
	系数	T 值	系数	T 值	系数	T 值
$\beta 1$	0.089	1.61	0.177***	3.33	0.382**	2.93
$\beta 2$	−0.032	−0.39	−0.096	−1.18	0.334*	2.44
$\beta 3$	0.010	0.37	−0.050	−1.29	−0.322**	−2.97
$\beta 4$	0.113*	2.4	−0.049	−1.09	0.359*	2.43
$\beta 5$	−0.072**	−3.26	−0.027	−1.19	−0.063	−1.05
$\beta 6$	−0.045	−0.92	−0.023	−0.49	−0.095	−0.80
$\beta 7$	0.075	1.89	0.271***	5.71	0.207*	2.1
$W \times \beta 1$	0.083	0.39	0.360**	2.75	0.211	0.53
$W \times \beta 2$	−0.341	−1.26	−0.473*	−2.48	−0.523	−1.24
$W \times \beta 3$	−0.001	−0.04	0.015	0.36	0.393**	3.24
$W \times \beta 4$	−0.11	−0.71	−0.108	−0.97	0.395	1.04
$W \times \beta 5$	0.013	0.15	0.021	0.38	0.347	1.13
$W \times \beta 6$	−0.385	−0.94	0.106	0.52	−1.479**	−3.24
$W \times \beta 7$	0.109	0.57	−0.228*	−2.53	0.151	0.42
ρ	0.295*	2.45	0.184*	2.08	−0.510*	−2.33
σ^2	0.070***	25.77	0.101***	25.77	0.169***	11.72
R^2	0.496	—	0.48	—	0.326	—

注：* 代表 10% 水平下显著，** 代表 5% 水平下显著，*** 代表 1% 水平下显著。

第三节　不同尺度上工业发展的环境压力影响因素

一　全国城市尺度上工业发展的环境压力影响因素

城市尺度上，对工业环境压力具正向影响的指标由大到小依次为工业总资产和工业外资企业产值占工业总产值的比重，对工业环境压力具有负向影响的指标由大到小依次为"三废"处理率平均值和工业全员劳动生产率（见表 5-5）。观察城市尺度上工业环境压力影响因素的外生交互效应，本地区工业企业集聚和劳动生产率的提高会增加邻近城市的工业环境压力，而本地区工业资产规模和外向水平提高则有利于邻近城市工业环境压力的降低。工业企业集聚和劳动生产率提高会产生工业发展的集聚效应，吸引工业企业向周围布局，从而促进邻近城市工业环境压力。外向型工业企业和大型企业的增加对邻近城市的工业环境压力有一定的减缓作用。

表 5-5　　　　　　　全国尺度工业发展的环境压力影响因素

变量	全国		变量	全国	
	系数	T 值		系数	T 值
$\beta1$	0.015	0.45	$W \times \beta1$	0.025	0.25
$\beta2$	−0.072	−1.55	$W \times \beta2$	−0.059	−0.43
$\beta3$	−0.065**	−3.11	$W \times \beta3$	0.049*	2.07
$\beta4$	0.000	−0.00	$W \times \beta4$	0.328***	3.94
$\beta5$	0.080***	6.43	$W \times \beta5$	−0.107*	−2.05
$\beta6$	−0.178***	−6.42	$W \times \beta6$	0.036	0.28
$\beta7$	0.154***	6.25	$W \times \beta7$	−0.248***	−3.33
ρ	0.851***	35.46			
σ^2	0.125***	44.59			
R^2	0.316	—			

注：＊代表 10% 水平下显著，＊＊代表 5% 水平下显著，＊＊＊代表 1% 水平下显著。

二　大区尺度上工业发展的环境压力影响因素

2006—2019 年对中国东部地区工业环境压力具有正向影响的指标为工业总资产（见表 5-6），即伴随工业资产规模增加，工业环境压力逐渐增大，这可能是东部地区工业发展仍然没有摆脱传统的发展模式，存在无序扩张和产能过剩的问题，并付出环境污染的代价。具有负向影响的指标由大到小依次为工业增加值占 GDP 比重和"三废"处理率平均值（见表 5-6），这是因为先进制造业和新兴产业不断兴起有力推动了产业结构转型升级，环境规制加强导致了生产过程和管理实践的改变，有效推动了环境污染物的减排，进而降低了工业环境压力。

中部地区工业环境压力的正向影响因素由大到小为工业增加值和规模以上工业企业数（见表 5-6），伴随东部地区工业向中西部地区转移，中部地区承接了大量污染密集型产业如纺织服装业、煤化工产业等，这些企业的增加推动了区域污染密集型产业规模化发展，进而推动工业环境压力增大；与工业环境压力负相关的指标由大到小为"三废"处理率平均值和工业全员劳动生产率，中部地区工业规模效应带来工业环境压力增大，但是工业效应带来工业环境压力降低，这说明中国工业的空间转移，并不单纯是原有低端、污染密集型产业的空间转移代表了生产模式的转换，是对污染密集型产业的技术改造和绿色发展。

东北地区工业全员劳动生产率与工业环境压力呈显著负相关（见表 5-6），主要是通过生产组织和管理水平的提升、生产技术的创新等，减少环境污染物排放，进而减小工业环境压力。西部地区工业环境压力的正向影响因素由大到小依次为工业总资产和工业外资企业产值占工业总产值的比重，负向影响因子由大到小依次为"三废"处理率平均值和工业全员劳动生产率（见表 5-6）。

观察区域尺度上影响因素的外生交互效应（见表 5-6）。东部地区，本地区工业产业规模集聚会导致相邻城市工业环境压力增大，工业资产规模则产生负向影响。东部地区经济发展水平高，劳动力和工业集聚多以先进制造和科技产业为主，促使了高耗能产业向周边转移，导致邻近城市工业环境压力增大。产业规模扩大产生的规模效应使得工业产业向本地集聚，在一定程度上对邻近城市具有降低环境污染的作用。中部地区，本地工业生产规模提高则有利于邻近城市缓解工业环境压力。中部地区积极承接工业产业转移，产业规模和开放程度越高越有利于吸引工业企业转移，从而降低邻近城市工业环境压力。西部地区规模以上工业企业数增加会导致相邻城市工业环境压力增大。东北地区，本地区工业开放水平提高有利于邻近城市缓解工业环境压力，环境规制提高导致相邻城市工业环境压力增大。

表 5-6　　　　　　　大区尺度上工业发展的环境压力影响因素

变量	东部地区		东北地区		中部地区		西部地区	
	系数	T 值	系数	T 值	系数	T 值	系数	T 值
$\beta1$	0.062	1.19	0.183	1.76	0.148**	−2.68	−0.006	−0.07
$\beta2$	−0.181*	−2.16	0.170	1.47	−0.104	−1.16	−0.120	−1.12
$\beta3$	−0.042	−1.38	−0.243**	−3.05	−0.076*	−2.01	−0.103**	−2.58
$\beta4$	−0.033	−0.61	0.026	0.36	0.398***	−7.58	−0.060	−0.88
$\beta5$	−0.022	−0.71	0.055	1.5	0.034	−1.5	0.114***	5.58
$\beta6$	−0.153*	−2.13	−0.074	−1.04	−0.132*	−2.57	−0.197***	−4.27
$\beta7$	0.204***	4.88	−0.039	−0.46	0.021	−0.48	0.243***	5.58
$W\times\beta1$	0.191	1.38	−0.094	−0.19	−0.531*	−2.53	−0.196	−0.95
$W\times\beta2$	0.116	0.36	−0.634	−0.81	−0.305	−0.95	0.231	1.04
$W\times\beta3$	0.038	1.09	0.153	1.37	0.070	−1.62	0.079	1.72
$W\times\beta4$	0.358*	2.19	0.324	1.69	0.346	−1.21	0.648**	3.14
$W\times\beta5$	−0.009	−0.12	−0.864*	−2.48	0.026	−0.21	−0.124	−1.47
$W\times\beta6$	0.568	1.04	0.706**	−2.78	−0.825	−1.37	−0.188	−1.08
$W\times\beta7$	−0.474***	−3.71	−0.428	−1.20	0.093	−0.65	−0.185	−1.16
ρ	0.791***	20.3	0.644***	9.54	0.771***	−17.65	0.699***	15.23
σ^2	0.076***	24.57	0.141***	15.33	0.090***	−23.57	0.172***	24.15
R^2	0.506	—	0.428	—	0.223	—	0.253	—

注：*代表10%水平下显著，**代表5%水平下显著，***代表1%水平下显著。

三　城市群尺度上工业发展的环境压力影响因素

国家级城市群中城市工业发展的环境压力受到环境规制的负向影响（见表 5-7）。"三废"处理率平均值的提高有利于环境压力降低，环境规制是降低污染物排放，改善环境污染状况的重要手段。

区域性城市群中城市工业发展的环境压力受到工业集聚的正向影响和工业外向水平的负向影响（见表 5-7）。当工业企业在区域性城市群的集聚未产生规模效应时，不利于资源的集约化利用和环境污染的规模化治理。外资企业往往具有更高的环保标准和污染治理技术，有利于其开展绿色技术创新活动，并产生清洁生产技术的空间溢出，推动区域工业发展的环境压力减小，这种效应往往先从经济发达地区开始。

地区性城市群中城市工业发展的环境压力受到工业增加值占 GDP的比重、规模以上工业企业数的正向影响，"三废"处理率平均值和工业增加值的负向影响（见表 5-7）。地区性城市群承接大城市部分功能疏解，吸引工业产业集聚，提高了当地城市的工业化程度，也造成一定的环境污染，但是生产效益的提高促使企业有更多的资金投入污染物处理环节，从而减轻环境压力。

城市群尺度上工业发展的环境压力外生交互效应仅在地区性城市群明显，规模以上工业企业数对地区性城市群的城市工业环境压力产生明显的正向影响作用（见表 5-7）。地区性城市群核心城市承接产业转移门槛高，促使污染密集型产业选择周边城市，在促进周边城市经济发展的同时增加了工业发展的环境压力。

表 5-7   城市群尺度上工业发展的环境压力影响因素

变量	国家级城市群		区域性城市群		地区性城市群	
	系数	T 值	系数	T 值	系数	T 值
$\beta 1$	-0.015	-0.21	0.089	1.61	-0.400**	-2.84
$\beta 2$	-0.133	-1.25	-0.032	-0.39	0.438**	2.96
$\beta 3$	-0.016	-0.47	0.010	0.37	-0.156	-1.33
$\beta 4$	0.090	1.49	0.113*	2.4	0.314*	1.97
$\beta 5$	0.052	1.83	-0.072**	-3.26	0.089	1.38
$\beta 6$	-0.374***	-5.93	-0.045	-0.92	-0.404**	-3.19
$\beta 7$	-0.092	-1.81	0.075	1.89	0.177	1.66
$W \times \beta 1$	-0.128	-0.49	0.083	0.39	-0.165	-0.38
$W \times \beta 2$	-0.528	-1.50	-0.341	-1.26	0.573	1.17
$W \times \beta 3$	-0.011	-0.29	-0.001	-0.04	0.176	1.34
$W \times \beta 4$	0.258	1.25	-0.11	-0.71	1.986***	3.85
$W \times \beta 5$	0.099	0.93	0.013	0.15	0.461	1.43

续表

变量	国家级城市群		区域性城市群		地区性城市群	
	系数	T 值	系数	T 值	系数	T 值
$W×β6$	−0.020	−0.04	−0.385	−0.94	−0.702	−1.56
$W×β7$	0.141	0.57	0.109	0.57	0.236	0.61
$ρ$	0.845***	29.68	0.295*	2.45	0.395***	−4.04
$σ^2$	0.115***	25.69	0.070***	25.77	0.198***	−11.78
R^2	0.149	—	0.496	—	0.017	—

注：*代表10%水平下显著，**代表5%水平下显著，***代表1%水平下显著。

第四节　中国工业发展的资源环境压力作用机制

根据空间杜宾模型的计量结果，本研究分析了工业发展各要素在不同尺度上对工业发展的资源压力和环境压力的作用方向和作用强度。在此基础上，本节归纳总结中国工业发展的资源压力和环境压力的作用机制，并对两者进行对比（见图5-1）。

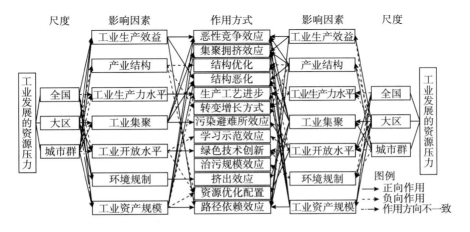

图 5-1　中国工业发展的资源压力和环境压力影响因素与作用机制

一 中国工业发展的资源压力作用机制

产业结构和工业开放水平在多个尺度上对缓解工业发展的资源压力有明显的推动作用，产业结构还表现出负向的空间溢出效应，而工业开放水平相反。工业生产效益、环境规制和工业集聚会增加工业发展的资源压力，工业生产效益还表现出正向空间溢出效应，环境规制和工业集聚相反。工业资产规模在国家级城市群表现出负向影响，在其他尺度作用相反，其空间溢出效应表现不明显。工业劳动生产水平只在区域尺度上对工业发展的资源压力表现出负向空间溢出效应。

综合多尺度工业发展要素对环境压力的影响方向和强度，工业产能、规模扩张以及工业集聚引发的恶性竞争、集聚拥挤等导致了资源消耗规模的扩大，环境规制的"挤出效应"不利于工业技术创新，资源利用效率长期得不到有效提高，工业经济效益的提升只能依赖于大规模的要素投入。但在经济发展高级阶段，技术和管理进一步提高，规模扩张带来的规模效应和关联带动作用有利于资源压力降低。资源压力增大倒逼产业结构调整，高耗能产业盲目发展得到遏制，产业结构趋于合理促进经济增长方式转变，实现资源优化配置；工业开放水平提升推进外资企业技术外溢，对当地企业起到学习示范效应，提高了资源利用效率，资源压力得以缓解。

二 中国工业发展的环境压力作用机制

环境规制有利于所有尺度上工业发展的环境压力的改善，仅在全国尺度上表现出正向空间溢出效应。工业生产效益、工业集聚和工业资产规模在多个尺度上增加了工业发展的环境压力，工业生产效益的空间溢出作用不明显，工业集聚具有正向空间溢出作用，工业资产规模相反。工业劳动水平在多尺度上表现出缓解工业发展的环境压力的作用，仅在东部地区表现出正向空间溢出效应。工业结构和工业开放水平在不同尺度上具有相反的影响作用，工业结构的空间溢出效应不明显，工业开放水平具有负向空间溢出效应。

综合工业发展各要素对环境压力的影响方向和强度，工业规模扩张、效益增长以及工业集聚的拥挤效应、恶性竞争等对环境产生的负面影响明显，以环境污染为代价的经济效益增长、产业规模扩张并未有效改善。工业生产力水平提高促进了生产工艺进步，推动经济增长以要素驱动向以技术驱动转变。产业结构调整和工业对外发展对环境压力产生不确定性影响。外资企业进入带来的学习示范效应有助于缓解本地环境压力，但如果外资企业投资于污染密集产业则会加剧当地环境压力。环境监管和环境规制有利于工业结构优化和绿色技术创新，从而缓解环境压力。

对比总结工业发展的资源压力和环境压力的作用机制，工业生产效益、工业资产规模、工业集聚等规模因素对工业发展的资源压力和环境压力都有明显的正向推动作用，产能、规模扩张和集聚效应引发的工业拥挤、恶行竞争等导致了资源环境的负外部性。产业结构调整和工业开放水平提高有利于资源压力下降但对环境压力的影响具有不确定性。生产力水平提高有利于缓解环境压力，但对资源压力影响不明显。环境规制有利于降低环境压力但也会导致资源消耗增长。

从现实情况看，无论是政策监管还是社会舆论，对工业资源消耗的关注远不及污染排放，致使促进降低资源消耗的动力严重不足。资源密集型产业是传统工业发展模式的主体。虽然国家长时期大力提倡资源的节约集约与循环利用，并在降低单位 GDP 能耗等方面取得明显成效，但不可否认的是，资源密集型产业依然是支撑当前中国大部分地区经济社会发展的主力。由于资源密集型产业的发展韧性较弱，对资源密集型产业的过度依赖，容易使地方发展陷入"资源诅咒"陷阱。尤其是在世界经济复苏乏力，国内经济下行压力增大的背景下，"怕冷不怕热"的经济体系将面临更为严峻的挑战。

第六章 京津冀地区工业发展的资源环境压力时空演化特征与影响机制

　　本研究第四、五章基于统计数据，对大区—城市群—城市尺度上工业发展的资源环境压力进行了系统分析，存在的问题是无法探究工业行业的资源环境压力。从工业发展的资源环境压力的空间分布特征来看，京津冀地区一直是工业发展的资源环境压力的高值区。同时，京津冀地区是中国东部沿海重要的工业基地、产业集聚区，也是高耗能和高污染地区。作为北方地区经济规模最大、最具活力的地区，京津冀地区产业结构逐步由工业主导型经济向服务主导型经济转变，担当着引领和带动中国经济社会高质量发展的历史重任。京津冀地区快速的工业化过程中，也伴随着水资源、能源资源等的大量消耗，面临"三废"排放严重、生态环境恶化、环境容量不足等问题。由于面对生态环境持续恶化、城镇体系发展失衡等突出问题，2014 年，中央政府提出把实现京津冀协同发展上升为重大国家战略。因此兼顾空间和行业尺度，确保研究深度，本研究以京津冀地区为典型案例地区，考察其工业行业资源环境压力的时空演化特征与影响机制。

　　本章主要包括以下研究内容：第一，基于工业企业数据，构建京津冀地区工业发展的资源环境压力和效率评价指标体系、影响因素和模型。第二，分析京津冀地区工业和工业行业的资源压力时空演化特征。第三，分析京津冀地区工业和工业行业的环境压力时空演化特征。第四，分析京津冀地区工业发展的资源环境效率时空演化特征。第五，分析京津冀地区工业发展的资源压力、环境压力和资源环境效率的主要影响因素。第六，总结京津冀地区工业发展的资源环境压力影响机制。

第一节　区域概况与数据来源

一　区域概况

京津冀地区位于华北平原北部、环渤海地区中心位置，包括北京、天津两个直辖市以及河北省全域的 11 个地级市。2012 年京津冀区域总人口 10770 万人，其中北京市 2069 万人，天津市 1413 万人，河北省 7288 万人，人口约占全国的 7.95%。地区生产总值 57348.29亿元，人均 GDP 为 53248.18 元。从 1998—2012 年京津冀地区三次产业结构变化趋势来看（见图 6-1），北京市第三产业不断发展，产业结构表现为"退二进三"；天津市第三产业缓慢上升，第二产业逐步下降；河北省比重最大的仍然是第二产业，第三产业对经济的推动作用亟待提升。

二　数据来源

本书第四章和第五章讨论了多尺度工业发展的资源环境压力空间演化与影响机制，数据库构建主要来源于统计年鉴，存在的问题是无法支撑工业行业资源压力和环境压力的分析。因此，京津冀地区工业发展的资源环境压力数据库构建主要以《中国工业企业数据库》和《中国工业企业污染源统计数据库》为主，研究时间段以 1998 年和 2012 年为对比。

京津冀地区工业门类齐全，根据《中华人民共和国国家标准国民经济行业分类》（GB/T4754—2011），将橡胶制品业和塑料制品业合并为橡胶和塑料制品业，将交通运输设备制造分解为汽车制造业和铁路、船舶、航空航天和其他运输设备制造业。结合《中国工业企业数据库》和《中国工业企业污染源数据库》中京津冀地区行业工业、资源、环境数据，得到本研究 35 类工业两位数行业（见表 6-1）。

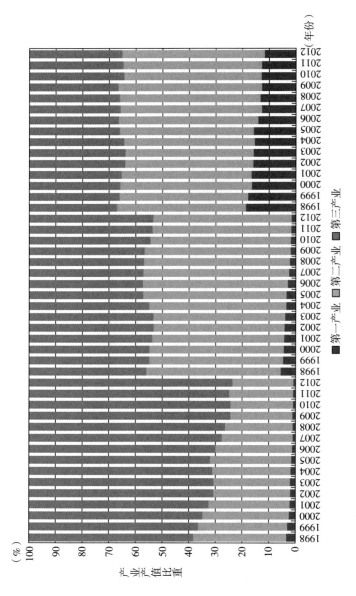

图6-1 1998—2012年京津冀地区产业结构变化

资料来源：历年《北京统计年鉴》《天津统计年鉴》《河北统计年鉴》。

表 6-1　　　京津冀地区工业行业代码与行业名称对应表

行业代码	行业名称	行业代码	行业名称
B06	煤炭开采和洗选业	C26	化学原料和化学制品制造业
B07	石油和天然气开采业	C27	医药制造业
B08	黑色金属矿采选业	C28	化学纤维制造业
B09	有色金属矿采选业	C29	橡胶和塑料制品业
B10	非金属矿采选业	C30	非金属矿物制品业
C13	农副食品加工业	C31	黑色金属冶炼和压延加工业
C14	食品制造业	C32	有色金属冶炼和压延加工业
C15	酒、饮料和精制茶制造业	C33	金属制品业
C16	烟草制品业	C34	通用设备制造业
C17	纺织业	C35	专用设备制造业
C18	纺织服装、服饰业	C36	汽车制造业
C19	皮革、毛皮、羽毛及其制品和制鞋业	C37	铁路、船舶、航空航天和其他运输设备制造业
C20	木材加工和木、竹、藤、棕、草制品业	C38	电气机械和器材制造业
C21	家具制造业	C39	计算机、通信和其他电子设备制造业
C22	造纸和纸制品业	C40	仪器仪表制造业
C23	印刷和记录媒介复制业	D44	电力、热力生产和供应业
C24	文教、工美、体育和娱乐用品制造业	D45	燃气生产和供应业
C25	石油、煤炭及其他燃料加工业		

资料来源:《中华人民共和国国家标准国民经济行业分类》（GB/T4754—2011）。

第二节　研究方法

一　京津冀地区工业发展的资源环境压力指标体系构建

京津冀地区工业发展的资源压力和环境压力的测度方法与指标体系沿用本书第四章中国工业发展的资源环境压力测度方法与指标体

系。京津冀地区工业资源环境效率的测度方法采用 Sup-SBM 模型和相对效率进行计算。[①]

基于以往学者对能源效率、环境效率的研究成果梳理，工业资源环境效率的提高是经济要素和资源要素不断减少，经济产出不断增加，环境污染排放不断下降的过程。基于 Sup-SBM 模型，投入指标分为资本投入、劳动力投入和资源投入，其中以工业固定资产投资表示资本投入，以当年工业就业人员数表示劳动投入，以工业能源消耗（折算成标准煤）和工业用水量总和作为资源投入；产出指标分为期望产出和非期望产出，其中期望产出以工业总产值为衡量指标，非期望产出以"三废"排放总量作为衡量指标（见表6-2）。

表6-2 京津冀地区工业资源环境效率评价指标体系

指标类型	一级指标	二级指标
投入指标	资本投入	工业固定资产
	劳动力投入	当年工业就业人员数
	资源投入	工业能源消耗（折算成标准煤）
		工业用水量
产出指标	期望产出	工业总产值
	非期望产出	"三废"排放总量

二 京津冀地区工业发展的资源环境压力影响因素解释变量选取

根据前述理论假设和公式设定，分析 1998 年和 2012 年京津冀地区工业发展的资源压力、环境压力和资源环境效率的影响因素。根据以往研究，影响工业发展的资源环境压力与效率的可能因素包括：产业结构（工业增加值/GDP）、城镇化率（城镇人口占总人口比重）、工业产业集聚（工业企业单位个数）、工业生产效益（工业增加值）、工业技术创新（工业企业 R&D 经费内部支出）、工业生产力水平（工业全员劳动生产率）、轻重工业结构（重工业产值占工业总产值的比重）、工业所有制结构（国有企业产值占工业总产值的比重）、工业外向水平（外资产值占工业总产值的比重）、工业资产规模（工业总资产）、环境规制（"三废"处理率平均值）、工业化水平（工业增加值占 GDP 的比重与城镇化率的乘积）。在 SPSS 中进行共线性诊断，选取容忍度大于 0.1，方差膨胀系数（VIF）小于 10 的自变量，然后进行 OLS 模型和空间模型估计。最终选取影响因素包括：产业结构、工业技术创新、工业生产力水平、轻重工业结构、工业所有制结构、工业外向水平、环境规制、工业化水平（见表 6-3）。

表 6-3　京津冀地区工业发展的资源环境压力影响因素变量说明

变量名	含义
产业结构	工业增加值/GDP
工业技术创新	工业企业 R&D 经费内部支出
工业生产力水平	工业全员劳动生产率：工业企业工业增加值与全部从业人员数的比值
轻重工业结构	重工业产值占工业总产值的比重
工业所有制结构	国有企业产值占工业总产值的比重
工业外向水平	外资产值占工业总产值的比重
环境规制	"三废"处理率平均值
工业化水平	工业增加值占 GDP 的比重与城镇化率的乘积

三　空间效应模型设定

各城市之间工业发展的资源环境压力与效率的变化受到周围城市的影响，具有空间依赖性或空间自相关性的特征。因此，将 OLS 模型扩展到空间计量模型中。借鉴 Dietz 等对空间计量模型的研究，基于基本分析模型的空间滞后模型表达为：

$$\ln Y = \beta_0 + \rho WY + \beta_1 \ln X_1 + \beta_2 \ln X_2 + \beta_3 \ln X_3 + \beta_4 X_4 + \beta_5 X_5 + \beta_6 X_6 + \beta_7 X_7 + \beta_8 X_8 + \varepsilon$$

$$(6-1)$$

式（6-1）中，Y 分别对应工业发展的资源压力、环境压力、工业资源环境效率；X_1，…，X_8 分别为工业增加值占 GDP 的比重、工业企业 R&D 经费内部支出、工业全员劳动生产率、重工业产值占工业总产值的比重、国有企业产值占工业总产值的比重、外资产值占工业总产值的比重、"三废"处理率平均值、工业增加值占 GDP 的比重与城镇化率的乘积；β 为模型参数；ε 为误差随机项；ρ 为空间回归系数；W 为空间权重矩阵。

基于基本分析模型的空间误差模型表达式为：

$$\ln Y = \beta_0 + \beta_1 \ln X_1 + \beta_2 \ln X_2 + \beta_3 \ln X_3 + \beta_4 X_4 + \beta_5 X_5 + \beta_6 X_6 + \beta_7 X_7 + \beta_8 X_8 + \varphi W \varepsilon + \mu$$

$$(6-2)$$

式（6-2）中，Y，X_1，$\cdots$，X_8，β，ε 代表含义与式（6-1）相同，为模型参数；φ 为空间误差系数；μ 为正态分布的随机误差向量；对 X_1、X_2、X_3 取自然对数，以减少异方差对模型估计的影响。空间滞后模型和空间计量模型的选取原则为：根据 LME（error）与 LM（lag）、R-LM（error）与 R-LM（lag）的显著性进行选择。[1]

采用 OLS 估计考虑空间相关性的约束模型，发现拉格朗日乘数 LM（error）比 LM（lag）在统计上更显著，因此选择空间误差模型进行分析。1998 年和 2012 年，京津冀地区工业发展的资源压力的基本模型中，OLS 估计的拟合优度 R^2 分别为 0.973 和 0.902，空间误差模型的 R^2 分别为 0.986 和 0.932；工业发展的环境压力 OLS 估计的拟合优度 R^2 分别为 0.977 和 0.753，空间误差模型的 R^2 分别为 0.983 和 0.812；工业资源环境效率 OLS 估计的拟合优度 R^2 分别为 0.877 和 0.393，空间误差模型的 R^2 分别为 0.894 和 0.964。因此，考虑空间相关性后提高了模型的拟合程度。

第三节　京津冀地区工业发展的资源压力时空演化特征

一　京津冀地区工业发展的资源压力持续增大

（一）京津冀地区工业发展的资源压力增大，工业用水和能源消耗规模增加

京津冀地区工业行业资源压力评价值由 1998 年的 1.882 增加至

---

① 蔺雪芹、王岱：《中国城市空气质量时空演化特征及社会经济驱动力》，《地理学报》2016 年第 8 期。

2012 年的 1.99，工业发展的资源压力增大。对比两个年度工业用水总量，2012 年京津冀地区工业用水总量为 1045735 万吨，是 1998 年的 6.9 倍。从能源消耗总量来看，2012 年工业能源消耗总量为 25.95 亿吨，是 1998 年的 20.03 倍。

（二）以电力、热力生产和供应业，黑色金属冶炼和压延加工业，化学原料和化学制品制造业为代表的能源、冶金和化工行业资源压力大

从京津冀地区工业行业的资源压力评价值来看（见图 6-2），1998 年，电力、热力生产和供应业，黑色金属冶炼和压延加工业，化学原料和化学制品制造业，石油、煤炭及其他燃料加工业，非金属矿物制品业和煤炭开采和洗选业 6 个行业资源压力较高，分别比行业资源压力平均值高 0.68、0.37、0.17、0.05、0.04 和 0.01。2012 年，化学原料和化学制品制造业，电力、热力生产和供应业，石油、煤炭及其他燃料加工业，黑色金属冶炼和压延加工业 4 个行业资源压力较高，分别比资源压力平均值高 0.49、0.45、0.38 和 0.25。研究选取行业中，电力、热力生产和供应业，黑色金属冶炼和压延加工业资源压力下降幅度较大，分别降低了 0.23 和 0.12。石油、煤炭及其他燃料加工业和化学原料和化学制品制造业资源压力增加较大，分别增加了 0.33 和 0.32。

（三）以电力、热力生产和供应业为代表的少数行业消耗了大量的水资源

图 6-3 显示了 1998 年和 2012 年京津冀地区工业行业用水总量和单位用水量变化。从工业用水总量高的行业来看，1998 年和 2012 年，电力、热力生产和供应业，化学原料和化学制品制造业，黑色金属冶炼和压延加工业，造纸和纸制品业，有色金属冶炼和压延加工业，石油、煤炭及其他燃料加工业，纺织业，黑色金属矿采选业，医药制造业等行业工业用水量集中，这些行业用水量占 37 个工业行业用水总量的比重超过 93.3%。对比两个年度工业用水单位量，京津冀地区单位工业产值用水量由 23 吨/万元下降到 14 吨/万元。从工业行业用水单位量看，1998 年和 2012 年，工业用水单位量高的行业集中在黑色

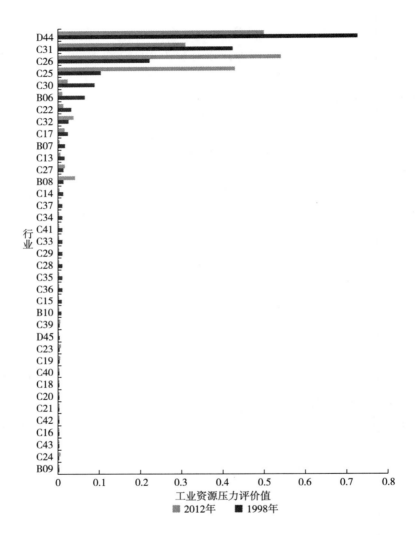

图 6-2 1998 年和 2012 年京津冀地区工业行业资源压力评价变化

金属矿采选业，造纸和纸制品业，非金属矿采选业，化学原料和化学制品制造业，电力、热力生产和供应业，这些产业工业用水单位量是全部行业工业用水单位量的 2 倍以上。从行业单位水耗的工业总产值来看，仪器仪表制造业产值最高。总结京津冀工业用水的行业特征，工业行业用水压力倍增，各工业行业用水压力悬殊，以电力、热力生产和供应业为代表的少数工业行业消耗了大量的水资源。

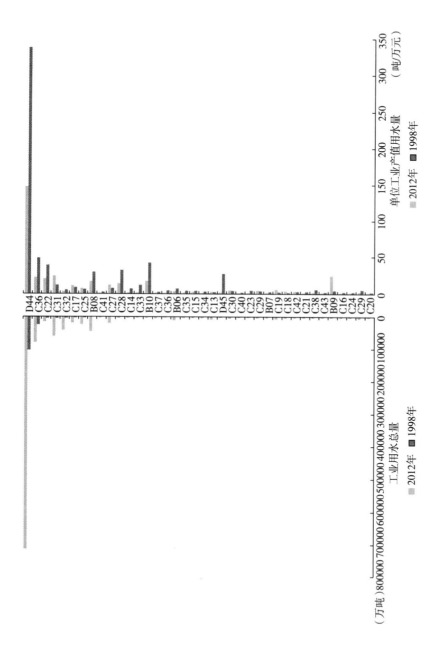

图 6-3　1998 年和 2012 年京津冀地区工业行业用水总量与单位量变化

（四）黑色金属冶炼和压延业，电力、热力生产和供应业，石油、煤炭及其他燃料加工业，化学原料和化学制品制造业等行业能源消耗高

图6-4显示了1998年和2012年京津冀地区工业行业的能源消耗总量和单位能耗。分行业来看，1998年和2012年，石油、煤炭及其他燃料加工业，化学原料和化学制品制造业，非金属矿物制品业，黑色金属冶炼和压延加工业，煤炭开采和洗选业，电力、热力生产和供应业等行业能源消耗量高，能源消耗量占比88.15%以上。其中，前四个行业能源消耗量和能源消耗强度都较高，单位工业产值能源消耗量都大于2吨标准煤/万元；后两个行业能源消耗强度下降，单位工业产值能源消耗量由高于6吨标准煤/万元下降至不足1吨标准煤/万元。仪器仪表制造业，烟草制品业，纺织服装、服饰业，木材加工和木、竹、藤、棕、草制品业，化学纤维制造业等行业是能源消耗总量和能源消耗强度都较低的行业，能源消耗总量都低于50万吨标准煤，能耗强度降低至0.8吨标准煤/万元。总体来看，京津冀地区能源消耗总量大幅增长，能源加工及化学原料加工行业资源压力处于增加状态，资源开采业能源消耗总量下降。高能耗强度行业数量较少，但是能耗强度有所增加。能源消耗量和能源消耗强度产业类别基本一致，即能源消耗量高的产业消耗强度也较高，反之亦然。

二 京津冀地区工业发展的资源压力空间分布由"核心边缘"分布向轴带分布转变

（一）京津冀地区工业发展的资源压力高值区扩张，与交通线路、输水线路重合度高，以京津为中心向唐山和石家庄延伸形成轴带

按照自然间断点法，将1998年和2012年京津冀地区城市工业发展的资源压力评价值划分为四类，进行空间可视化。1998年，京津冀地区工业发展的资源压力高值区分布在北京市和天津市，2012年转变为北京市、唐山市和石家庄市。京津冀地区工业发展的资源压力扩张，以北京和天津为中心向东北部和西南部延伸形成轴带，与区域内京广铁路以及南水北调中线高度重合。对比两个年度，资源压力低值区城市数量由1998年的7个减少为2012年的4个，包括张家口市、

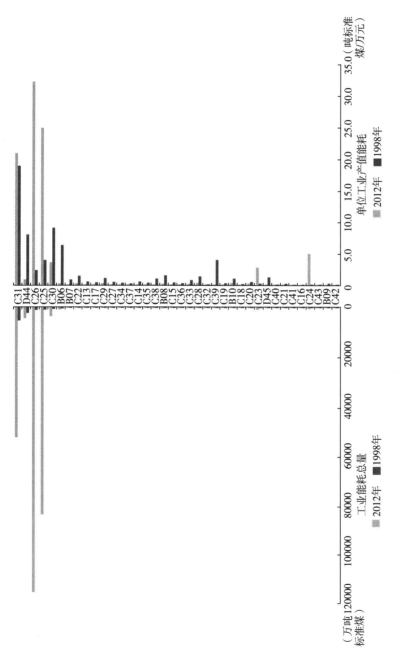

图 6-4　1998 年和 2012 年京津冀地区工业行业能源消耗总量与单位量变化

秦皇岛市、沧州市和衡水市。张家口市和秦皇岛市城市功能定位以休闲旅游为主，秦皇岛市担负了京津唐旅游和休闲疗养地及出海口的功能，张家口市则是京津地区的生态涵养区，产业结构呈现第三产业比重最高的轻型化特点，工业发展也主要以清洁能源和新能源为重点。衡水市工业发展以食品加工和纺织服装为主，沧州市生物医药、装备制造产业规模小，工业发展虽以石油、煤炭及其他燃料加工业，黑色金属冶炼和压延加工业为主，但 2012 年其行业产值仅占京津冀地区的 3.05%，产值占比较低。这些城市功能定位以及工业发展规模方面的原因使其资源消耗量小于其他城市。

京津冀地区工业水资源压力高值区空间分布由京津石转变为津唐石。图 6-5 显示了 1998 年和 2012 年京津冀地区城市工业用水总量和单位量的变化。从工业用水总量的城市分布来看，1998 年，北京市、天津市、邯郸市和石家庄市 4 个城市工业用水总量较高，其工业用水量之和占用水总量的比重达 64.86%；2012 年则集中于天津市、唐山市和石家庄市，其工业用水量之和占用水总量的比重为 63.51%。1998 年和 2012 年，衡水市和廊坊市工业用水总量都较少，占用水总量的比重不足 1.80%。从工业用水单位量来看，1998 年，只有北京市、衡水市、廊坊市、天津市 4 个城市工业用水单位量低于平均水平；北京市和天津市工业用水总量高，用水强度较低；邯郸市和沧州市单位工业产值用水量较高，超过 70 吨/万元。2012 年，除天津市以外，各城市工业用水强度明显下降；工业用水强度高于平均值的城市数量减少为 6 个，其中秦皇岛市、唐山市工业用水强度较高；衡水市和廊坊市工业用水总量和用水强度都比较低。

京津冀地区工业能源压力高值区空间分布集中在京津和河北省西南部。图 6-6 显示了 1998 年和 2012 年京津冀地区城市工业能源消耗总量和单位量的变化。从工业能源消耗总量的城市分布来看，1998 年，北京市、石家庄市、天津市、邯郸市工业能源消耗总量均超过城市平均值，其中北京市和石家庄市能源消耗总量均大于 2000 万吨标准煤；2012 年，在此基础上增加了唐山市和廊坊市，唐山市和石家庄市能源消耗总量均大于 8000 万吨标准煤；能源消耗总量最少的城市

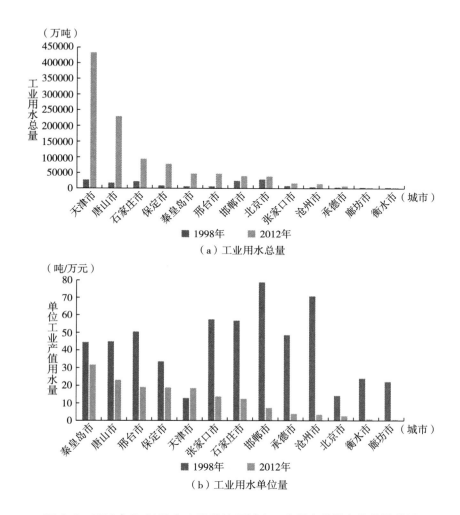

图 6-5　1998 年和 2012 年京津冀地区城市工业用水总量和单位量差异

由廊坊市转变为秦皇岛市。从能源消耗单位量来看，北部和西南部能耗强度高。1998 年，沧州市、承德市、石家庄市单位工业产值能源消耗量均超过 5 吨标准煤/万元。2012 年，所有城市能源消耗强度均有所下降，单位工业产值能源消耗量均小于 1.5 吨标准煤/万元。对比能源消耗总量和单位量，石家庄市、邯郸市和唐山市能源消耗总量和单位量均较高；北京市和天津市能源消耗总量高，但是强度低；承德市和沧州市能源消费总量较低，能源消耗强度降低明显。

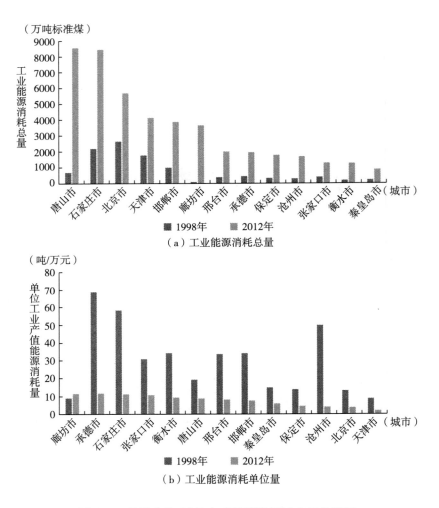

图 6-6 1998 年和 2012 年京津冀地区城市工业能源
消耗总量和单位量差异

（二）京津冀地区工业行业资源压力空间演化特征

本书选取 2012 年京津冀地区工业发展的资源压力的前 1/4 行业
（见表 6-4）进行工业行业资源压力空间演化特征分析。工业发展的
资源压力与地区工业发展水平、工业集聚、资源禀赋条件、交通区位
等关系密切，因此不同行业的资源压力空间分异特征明显。

表6-4　2012年京津冀地区工业发展的资源压力的前1/4行业（9类）评价值

城市	1998年									2012年								
	D44	C25	C31	B08	C32	C30	C27	C17	C22	D44	C25	C31	B08	C32	C30	C27	C17	C22
北京市	0.715	0.050	0.488	0.000	0.354	1.000	0.194	0.581	0.008	0.283	0.098	0.003	0.079	0.035	0.163	0.110	0.016	0.027
天津市	0.488	0.032	0.549	0.000	0.351	0.203	0.460	0.300	0.096	0.896	0.254	0.103	0.000	0.223	0.045	0.441	0.320	0.689
石家庄市	0.193	0.621	0.100	0.000	0.051	0.093	0.785	0.228	0.062	0.629	0.152	0.048	0.000	0.044	0.432	0.582	0.355	0.278
保定市	0.074	0.000	0.187	0.000	0.000	0.000	0.019	0.610	0.049	0.235	0.089	0.004	0.007	0.681	0.127	0.063	0.772	0.652
唐山市	0.275	0.002	0.573	0.232	0.827	0.000	0.033	0.047	1.000	0.527	0.820	0.661	0.575	0.089	0.709	0.001	0.004	0.640
廊坊市	0.003	0.000	0.009	0.000	0.012	0.010	0.000	0.034	0.000	0.062	0.000	0.037	0.000	0.167	0.023	0.064	0.007	0.058
邯郸市	0.300	0.010	0.023	0.369	0.560	0.001	0.008	0.030	0.037	0.320	0.285	0.301	0.070	0.007	0.164	0.099	0.141	0.042
秦皇岛市	0.059	0.023	0.145	0.027	0.000	0.001	0.001	0.017	0.100	0.063	0.001	0.023	0.088	0.000	0.108	0.031	0.005	0.159
张家口市	0.057	0.000	0.072	0.022	0.015	0.021	0.016	0.006	0.037	0.371	0.001	0.083	0.038	0.002	0.039	0.333	0.034	0.008
承德市	0.008	0.000	0.015	0.213	0.010	0.000	0.022	0.000	0.000	0.037	0.016	0.045	0.488	0.120	0.057	0.014	0.000	0.000
沧州市	0.010	0.454	0.004	0.000	0.005	0.027	0.013	0.033	0.077	0.120	0.103	0.020	0.000	0.171	0.015	0.090	0.081	0.128
邢台市	0.000	0.000	0.000	0.000	0.000	0.000	0.004	0.142	0.035	0.041	0.266	0.049	0.003	0.067	0.499	0.030	0.187	0.426
衡水市	0.001	0.000	0.002	0.000	0.022	0.000	0.002	0.145	0.012	0.031	0.000	0.000	0.000	0.074	0.041	0.264	0.025	0.001

电力、热力生产和供应业 1998 年资源压力高值区集中在北京市、天津市、唐山市、石家庄市和邯郸市，低值区集中在廊坊市、衡水市和邢台市；2012 年资源压力高值区集中在天津市、唐山市和石家庄市，高值区集中在邢台市、衡水市、廊坊市、承德市和秦皇岛市。对比两年的空间集聚特征，2012 年电力、热力生产和供应业资源压力高值区更为集中，形成津唐和石家庄市两个核心区；低值区范围扩大，形成南部和东北部相对集中的低值集聚区。

石油、煤炭及其他燃料加工业 1998 年资源压力高值区集中在北京市、石家庄市和沧州市，低值区集中连片分布在承德市、张家口市、保定市、廊坊市、衡水市；2012 年资源压力高值区扩张，形成天津市—唐山市和邢台市—邯郸市两个组团，低值区散状分布，包括秦皇岛市、张家口市、廊坊市和衡水市。

黑色金属冶炼和压延加工业 1998 年资源压力高值区分布在中部和东北部，形成京津唐秦的轴带式分布，低值区形成廊坊市、沧州市、衡水市和邢台市的轴带式分布；2012 年资源压力高值区分布在唐山市和邯郸市，低值区形成京保衡的轴带式分布。

黑色金属矿产采选业资源压力空间分布稳定，主要集中在京津冀地区北部和东北部的承德市、唐山市和秦皇岛市以及南部的邯郸市，这主要是受到资源禀赋条件的影响，京津冀地区黑色金属矿产采选主要是铁矿石采选，主要分布在河北省迁安市、滦县（现滦州市）、青龙满族自治县、遵化市、武安市、沙河市等县市。

有色金属冶炼和压延加工业资源压力空间分布表现为高值集聚、低值分散的特征。1998—2012 年资源压力高值区由中部、东部和南部的北京市、天津市、唐山市和邯郸市向中部和东南部的保定市、廊坊市、天津市、沧州市转移；低值区由保定市、沧州市、邢台市向张家口市、邯郸市转移，秦皇岛市一直是资源压力低值区。

非金属矿物制品业资源压力空间分布表现为高值区急速扩张，低值区急速缩减的特征。1998—2012 年资源压力高值区由北京市、天津市、石家庄市急速扩张为石家庄市—邢台市—邯郸市和北京市—唐山市两个组团分布；低值区由承德市—秦皇岛市—唐山市和保定市—衡水市—邢台市—邯郸市两个组团分布急速缩减为廊坊市—沧州市小组团状分布。这主要是由于经济快速发展对水泥、玻璃、陶瓷等建设材料需求旺盛，造成城市非金属矿物制品业发展迅速，引起资源压力增加。

医药制造业资源压力空间分布同样呈现高值区扩张，低值区缩减的特征。1998 年，资源压力高值区主要分布在石家庄市、天津市和北京市，低值区分布在秦皇岛市、廊坊市、衡水市、邢台市和邯郸市。2012 年，资源压力高值区扩张，主要分布在天津市、张家口市、石家庄市和衡水市；低值区主要分布在京津冀地区北部和东北部的承德市和唐山市。京津冀地区医药制造业快速发展，各地市都积极发展医药、大健康产业，实现产业规模扩张和产品结构调整的同时需要注重京津冀三地产业协同互补发展，以实现资源最优利用。

纺织业资源压力空间分布南高北低的特征越发明显。1998—2012 年，资源压力高值区由北京市、天津市、保定市、石家庄市、邢台市向保定市、石家庄市、邢台市、邯郸市转移，资源压力低值区由张家口市、承德市、秦皇岛市扩展至北京市、廊坊市和唐山市。资源压力形成向南部地区集聚的空间分布特征，主要是因为京津纺织业生产技术提高以及低端产业链在京津冀地区的转移。

造纸和纸制品业 1998 年资源压力高值区形成秦皇岛市、唐山市、天津市、沧州市的环渤海湾带状分布，2012 年，资源压力高值区主要分布在唐山市、天津市、保定市、石家庄市和邢台市。资源压力低值区由承德和廊坊转变为承德市、张家口市和衡水市。

第四节　京津冀地区工业发展的环境压力时空演化特征

一　京津冀地区工业发展的环境压力持续增大

（一）京津冀地区工业发展的环境压力增大，工业废水、工业 SO_2、工业烟（粉）尘排放量增加

京津冀地区工业行业环境压力由 1998 年的 3.42 增长到 2012 年

的 4.37。2012 年，京津冀地区工业废水排放总量达到 150952 万吨，是 1998 年的 1.14 倍；与 1998 年相比，2012 年京津冀地区工业 SO_2 排放总量增加了 58856 吨，单位产值 SO_2 排放量减少了 0.02 吨/万元。工业烟（粉）尘排放总量低于工业 SO_2，但是雾霾的可悬浮颗粒物主要来源就是烟（粉）尘，因此控制工业烟（粉）尘排放总量和排放强度对减少雾霾的发生至关重要。与 1998 年相比，2012 年京津冀地区工业烟（粉）尘排放总量增加了 336023 吨。

（二）以电力、热力生产和供应业，纺织业，造纸和纸制品业，非金属矿物制品业，金属冶炼和压延加工业等为主的能源、纺织、造纸、冶金和建材行业环境压力大

图 6-7 显示了 1998 年和 2012 年京津冀地区工业行业的环境压力评价值。1998 年和 2012 年，纺织业，造纸和纸制品业，黑色金属冶炼和压延加工业，化学原料和化学制品制造业，有色金属冶炼和压延加工业，电力、热力生产和供应业 6 个行业环境压力均超过行业平均值，其中电力、热力生产和供应业环境压力分别是当年平均值的 7.02 倍和 5.08 倍。1998 年，通用设备制造业的环境压力也超过了平均值；2012 年，燃气生产和供应业，煤炭开采和洗选业，农副食品加工业，木材加工和木、竹、藤、棕、草制品业，非金属矿物制品业 5 个行业环境压力超过了平均值。工业发展的环境压力较小的行业包括烟草制品业，计算机、通信和其他电子设备制造业，家具制造业，汽车制造业，印刷和记录媒介复制业等行业。从工业行业环境压力变化趋势来看，大部分工业行业环境压力增加，行业数量为 23 个，占所选行业的 62.16%。木材加工和木、竹、藤、棕、草制品业，非金属矿物制品业，农副食品加工业，木材加工和木、竹、藤、棕、草制品业等行业环境压力增长明显，2012 年环境压力是 1998 年的 10 倍以上。专用设备制造业、汽车制造业、有色金属冶炼和压延加工业等行业环境压力降低明显，环境压力降低近一半。总体上，纺织行业、造纸行业、化工行业环境压力大并有增加的趋势；冶金行业、能源行业环境压力大但是有减小的趋势；烟草制品业、电子信息制造业等环境压力小并且有减小的趋势。

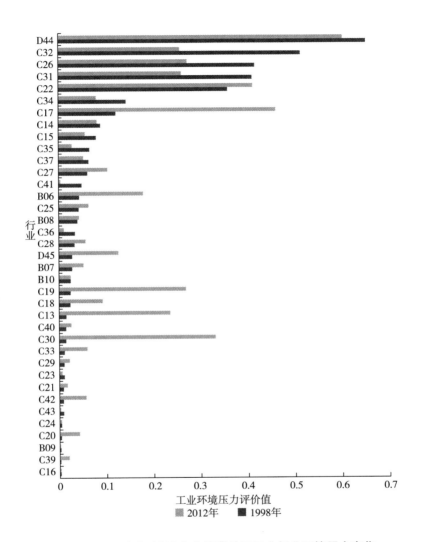

图6-7 1998年和2012年京津冀地区工业行业环境压力变化

（三）造纸和纸制品业、纺织业、化学原料和化学制品制造业等行业工业废水排放量高

纺织业、造纸和纸制品业工业废水排放总量和强度高。图6-8显示了1998年和2012年京津冀地区城市工业行业废水排放总量和单位量的变化，工业废水排放总量增加，排放强度降低。从工业行业废水排放总量来看，1998年，造纸和纸制品业、化学原料和化学制品制造

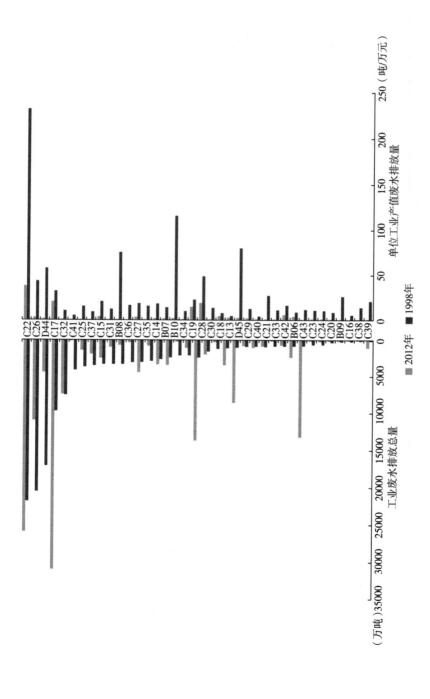

图6-8 1998年和2012年京津冀地区工业行业工业废水排放总量与单位量变化

业两个行业废水排放量都超过了 2 亿吨。2012 年，工业行业废水排放量超过废水排放平均量的行业数量增多，其中纺织业废水排放总量达到 3.12 亿吨。从工业废水排放强度来看，所有工业行业废水排放强度都有较大的改善。2012 年，大多数工业行业废水排放强度都低于 1 吨/万元。1998 年和 2012 年，木材加工和木、竹、藤、棕、草制品业，化学纤维制造业，纺织业，造纸和纸制品业四个行业废水排放强度都很高，单位产值废水排放量超过 10 吨/万元，同时这些行业废水中化学需氧量含量也较高。2012 年，造纸和纸制品业废水排放强度依然达到 37.28 吨/万元。总体上，京津冀地区工业废水排放压力增加，工业废水排放强度降低对控制废水排放具有积极的影响，工业废水排放强度高的行业集中在少数几个行业。针对不同行业，应采取不同的污水处理方法，食品行业应注重废水中有机物质的处理，预防水体富营养化；造纸工业污染严重，应提高用水循环利用，充分提高废水中有用资源的回收利用；化学工业废水应采用多级处理方法，减少废水中有害物质排放；纺织行业要加强一水多用，碱液、染料回收利用和多方法联合无害化处理。

（四）电力、热力生产和供应业，非金属矿物制品业，化学原料和化学制品制造业，金属冶炼和压延加工业等能源、建材、化工和冶金行业工业 SO_2 排放量高

图 6-9 显示了 1998 年和 2012 年京津冀地区城市工业行业 SO_2 排放总量和单位量的变化。从工业 SO_2 排放总量的行业分布来看，1998 年，煤炭开采和洗选业，化学原料和化学制品制造业，黑色金属冶炼和压延加工业，有色金属冶炼和压延加工业，电力、热力生产和供应业四个行业工业 SO_2 排放量都高于所有行业工业 SO_2 排放平均值，其中电力、热力生产和供应业工业 SO_2 排放量是平均量的 20.02 倍。2012 年，超过工业 SO_2 排放平均值的行业在 1998 年的基础上减少了煤炭开采和洗选业，增加了燃气生产和供应业、造纸和纸制品业、纺织业、非金属矿物制品业。对比这些行业的工业 SO_2 排放量趋势，煤炭开采和洗选业工业 SO_2 排放量减少，黑色金属冶炼和压延加工业，有色金属冶炼和压延加工业，电力、热力生产和供应业是工业 SO_2 排

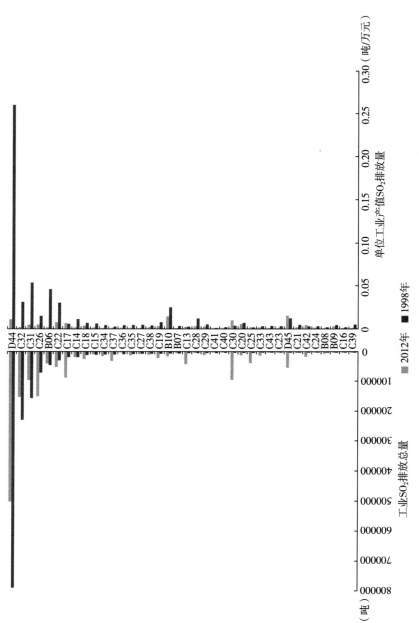

图 6−9　1998 年和 2012 年京津冀地区工业行业 SO₂ 总量与单位量变化

放大户，但是排放量减少；其他行业工业 SO_2 排放量增加，其中纺织业 SO_2 排放量增加最多，增加量为 69277 吨。从工业 SO_2 排放单位量的行业分布来看，纺织业、燃气生产和供应业、非金属矿物制品业三个行业 SO_2 排放强度分别增加 0.003、0.007、0.001 吨/万元，其他行业 SO_2 排放强度减小。这些行业也是 2012 年 SO_2 排放强度较大的行业。计算机、通信和其他电子设备制造业，烟草制品业，文教、工美、体育和娱乐用品制造业，仪器仪表制造业是工业 SO_2 排放规模和排放强度较小的产业，分别小于 3000 万吨和 0.004 吨/万元。总体上，非金属、金属制品业，火力发电等行业构成了京津冀地区工业 SO_2 排放的主要来源。在分析不同产业 SO_2 来源的基础上改造提高脱硫效率是减少工业 SO_2 排放的重要途径。例如，钢铁行业排放的 SO_2 主要是烧结球团工序，纺织工业中纺丝加工过程加入的二硫化碳会释放大量的 SO_2，电力、热力生产和供应业燃烧了大量的煤炭资源。

（五）工业烟（粉）尘排放量高的行业与工业 SO_2 排放量高的行业相似

图 6-10 显示了 1998 年和 2012 年京津冀地区城市工业行业烟（粉）尘排放总量和单位量的变化。从工业烟（粉）尘排放总量的行业分布来看，1998 年和 2012 年，化学原料和化学制品制造业，电力、热力生产和供应业，有色金属冶炼和压延加工业，黑色金属冶炼和压延加工业都是工业烟（粉）尘排放量高的产业，是工业烟（粉）尘平均排放量的 1.71 倍及以上。此外，1998 年，造纸和纸制品业烟尘排放量也超过了工业烟尘排放平均量。2012 年，纺织业、金属制品业、通用设备制造业、燃气生产和供应业、非金属矿物制品业烟尘排放量超过了行业烟尘排放平均量。从工业烟（粉）尘排放单位量的行业分布来看，造纸和纸制品业，燃气生产和供应业，电力、热力生产和供应业，黑色金属冶炼和压延加工业等行业工业烟（粉）尘排放强度高，单位工业产值烟（粉）尘排放量是行业平均值的 2.97 倍及以上。非金属矿物制品业，木材加工和木、竹、藤、棕、草制品业工业烟尘排放强度增加，2012 年单位工业产值烟尘排放量分别为 0.026 吨/万元和 0.015 吨/万元，分别比 1998 年增加了 0.025 吨/万元和 0.012

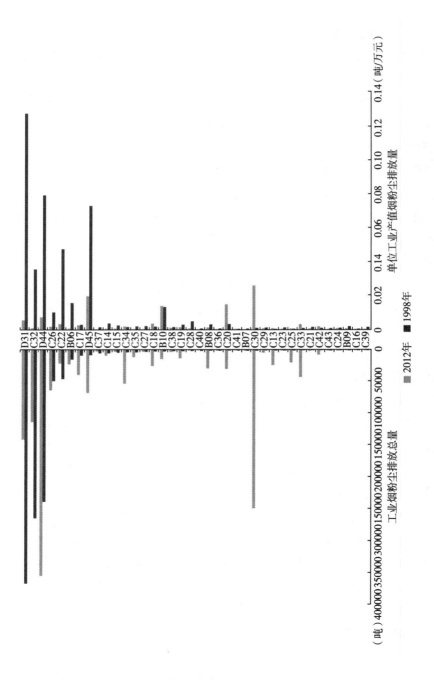

图 6-10 1998 年和 2012 年京津冀地区工业行业烟（粉）尘排放总量与单位量变化

吨/万元。总体上，京津冀地区工业烟（粉）尘排放总量有一定的增加，排放强度有所下降。工业烟（粉）尘排放量和排放强度高的产业与工业 SO_2 排放量和排放强度高的产业有一定的重合。冶金行业物料破碎、筛分、输送过程中产生的烟（粉）尘，如钢铁冶炼粉尘、铝合金粉尘、电焊烟尘等构成了工业烟（粉）尘污染最主要部分。以燃煤为主的电力、热力、燃气生产和供应业，以水泥制造为主的非金属矿物制品业也是京津冀地区工业烟（粉）尘排放的重点行业。

二　京津冀地区工业发展的环境压力空间分布由"碎片化"向"整体性"演变

（一）京津冀地区工业发展的环境压力高值区由以天津为中心转变为京保石和京津唐集中连片分布

按照与资源压力相同的处理方法，将 1998 年和 2012 年京津冀地区城市工业发展的资源压力评价值进行空间可视化。京津冀地区工业发展的环境压力高值区城市数量由 1 个增加为 4 个，1998 年，工业发展的环境压力高值区仅分布在天津市，2012 年，转变为唐山市和京保石一线。京津冀地区工业发展的环境压力低值区由 3 个城市增加为 4 个；1998 年，工业发展的环境压力低值区分布在北部的秦皇岛市、承德市，中部的廊坊市；2012 年，北部地区增加了张家口市，廊坊市工业发展的环境压力增加，成为较高的城市，衡水市成为工业发展的环境压力低值区。总体上，京津冀地区工业发展的环境压力空间分布呈现从"碎片化"向"整体性"的演变趋势，京津唐和京保石形成工业发展的环境压力严重区域。鉴于工业发展的环境压力空间演化特征，京津冀地区在环境污染治理方面需要增强地区之间环境治理优势互补，形成生态环境一体化治理机制。例如，发挥河北省在风沙防护、资源供给方面对京津两地的重要作用，增强京津两地在技术、经济等方面的支持作用。

京津冀地区工业废水排放量高值区空间分布由京津唐石转变为京保石沧。图 6-11 显示了 1998 年和 2012 年京津冀地区城市工业废水排放总量和单位量的变化。从工业废水排放总量的城市空间分布特征来看，1998 年，北京市、天津市、石家庄市和唐山市居工业废水排放

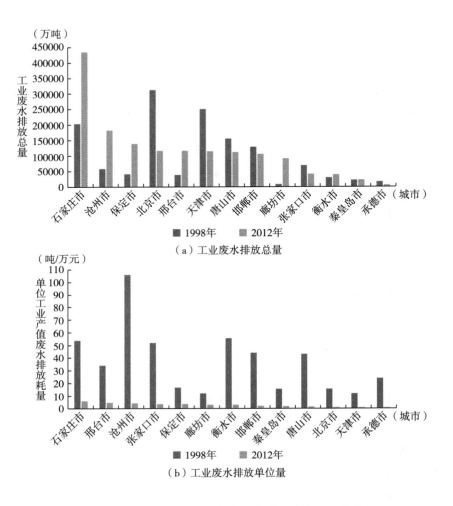

图 6-11 1998 年和 2012 年京津冀地区城市工业废水

排放总量和单位量差异

量的前四位，四个城市工业废水排放量之和占京津冀地区工业废水排放总量的 69.32%。其中北京市工业废水排放最多，排放量为 31157 万吨，占京津冀地区工业废水排放总量的 23.56%。2012 年，石家庄市、沧州市、保定市和北京市占工业废水排放量的前四位，工业废水排放量之和占京津冀地区工业废水排放量的 57.55%。承德市、衡水市、廊坊和秦皇岛市是工业废水排放量较少的城市。从工业废水排放单位量的城市空间分布来看，各城市工业废水排放强度均有较大程度的减小，城市平均工业单位产值废水排放量由 22.2 吨/万元减小到 1.84 吨/万元。1998 年，沧州市、衡水市、石家庄市和张家口市单位产值废水排放量都高于 50 吨/万元，2012 年，石家庄市、邢台市和沧州市单位产值废水排放量都高于 4 吨/万元，分别是本年度工业废水排放强度高的前四位城市。2012 年，北京市、承德市、天津市单位产值废水排放量低于 1 吨/万元，是工业废水排放强度较低的城市。综合各城市工业废水排放总量和单位量，北京市、天津市工业废水排放总量减少速度快，排放强度低；唐山市废水排放总量和强度的变化趋势与京津两市相同，但降低速度较慢；石家庄市工业废水排放量和排放强度都较高；邢台市和保定市工业废水排放总量增加，废水排放强度有待降低；张家口市废水排放量低，但是废水排放强度较高；承德市工业废水排放总量和排放强度都较低。

　　京津冀地区工业 SO_2 排放高值区形成京津唐和京保石连片分布。图 6-12 显示了 1998 年和 2012 年京津冀地区城市工业 SO_2 排放总量和单位量的变化。从城市工业 SO_2 排放总量的空间分布特征来看，1998 年，天津市、北京市、石家庄市、邯郸市、唐山市、张家口市工业 SO_2 排放量都大于 11 万吨，高于城市平均排放量；2012 年，张家口市工业 SO_2 排放量降低至 4.5 万吨，小于城市平均排放量，而保定市工业 SO_2 排放量增加至 12.88 万吨，高于城市平均排放量。对比两年工业 SO_2 排放量趋势，石家庄市、唐山市、保定市、沧州市、承德市、衡水市和廊坊市工业 SO_2 排放量增长，其中廊坊市 2012 年工业 SO_2 排放量是 1998 年的 1.14 倍；其他城市工业 SO_2 排放量降低。从城市工业 SO_2 排放单位量的空间分布特征来看，各城市工业 SO_2 排放强度降低明显，下降率都在 85% 以上。工业 SO_2 排放强度较高的城市包括：承德市、邢台市、张家口市，单位工业产值 SO_2 排放量都高于城市平均值；北京市和天津市工业 SO_2 排放强度明显低于其他城市。综合城市工业 SO_2 排放总量和排放强度，唐山市、石家庄市工业 SO_2 排放量高且有增加的趋势，但是排放强度降低速度较快；北京市和天津市工业 SO_2 排放量较高，但是排放规模和排放强度降低；保定市工业 SO₂ 排放量增加明显，排放强度的下降速度与其他城市相比较慢；张家口市工业 SO₂ 排放量降低明显，排放强度下降速度加快，但排放强度仍比城市平均排放强度高。

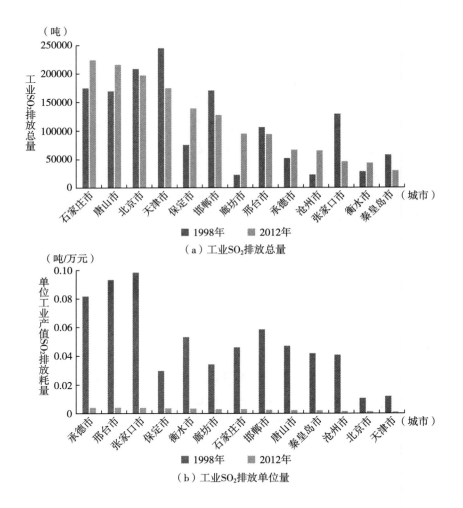

**图 6-12　1998 年和 2012 年京津冀地区城市工业 SO₂ 排放
总量和单位量差异**

京津冀地区工业 SO₂ 排放高值区空间分布由石邯衡转变为京保石唐。图 6-13 显示了 1998 年和 2012 年京津冀地区城市工业烟（粉）

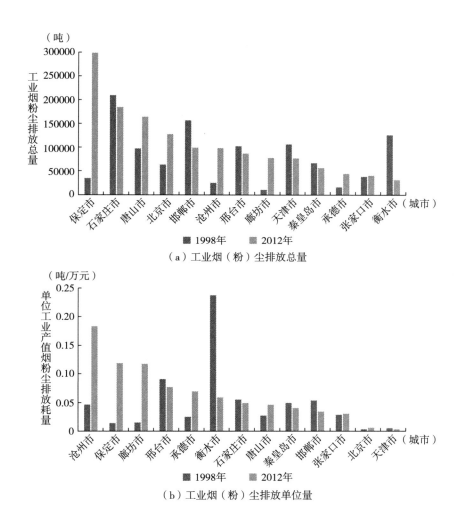

（a）工业烟（粉）尘排放总量

（b）工业烟（粉）尘排放单位量

**图6-13 1998年和2012年京津冀地区城市工业烟（粉）尘排放
总量和单位量差异**

尘排放总量和单位量的变化。从工业烟（粉）尘排放总量的城市空间
分布来看，1998年，石家庄市、邯郸市、衡水市、天津市和邢台市工
业烟（粉）尘排放量高，都超过10万吨。2012年，保定市、石家庄
市、唐山市和北京市成为工业烟（粉）尘排放量高的城市，排放量超
过12万吨。对比两个年度城市工业粉尘排放量的变化趋势，保定市
工业烟（粉）尘排放量增加明显，2012年工业烟（粉）尘排放量是

1998 年的 9.6 倍；衡水市工业烟（粉）尘排放降低量最高，减少量
为 9.49 万吨，2012 年工业烟（粉）尘排放量是 1998 年的 24.7%。
从工业烟（粉）尘排放单位量来看，其空间分布由四周向中心降低。
1998 年和 2012 年，北京市和天津市排放强度低，单位工业产值烟
（粉）尘排放量小于 0.01 吨。1998 年，衡水市排放强度最高，比所
有城市平均值高 0.22 吨/万元。2012 年保定市、沧州市和廊坊市工业
烟（粉）尘排放强度达到 0.1 吨/万元及以上。对比两个年度工业烟
（粉）尘排放强度，沧州市、保定市、廊坊市等 7 个城市排放强度增
加，单位工业产值烟（粉）尘排放量大于 0.1 吨/万元。总结烟
（粉）尘排放量和排放强度变化特征明显的城市，保定市排放量和排
放强度都增加明显；北京市排放量和排放强度增加，但排放强度低；
天津市排放量和排放强度都降低。

（二）京津冀地区工业行业环境压力空间演化特征

本书选取 2012 年京津冀地区工业发展的环境压力的前 1/4 行业
（见表 6-5）进行工业行业环境压力空间演化特征分析。工业发展的
环境压力与地区工业发展水平、工业集聚、技术水平、环境规制等关
系密切，因此不同行业工业发展的环境压力空间分异特征明显。

电力、热力生产和供应业工业发展的环境压力空间分布由核心边缘
向集中连片分布转变，1998 年，环境压力高值区分布在北京市、天津
市、石家庄市和邢台市，低值区分布在承德市、廊坊市、沧州市、衡水
市和邢台市。2012 年，环境压力高值区范围迅速扩张，形成张家口市—
北京市—天津市—唐山市和石家庄市—邢台市—邯郸市两条带状连片分
布，环境压力低值区只有衡水市。1998—2012 年，京津冀工业迅速扩张，
重工业化发展明显，导致污染物排放规模增大，环境压力增加。

纺织业环境压力高值区范围缩小，低值区由北部向东北部转移。
1998 年，环境压力高值区形成北京市—天津市—保定市—石家庄市—
邢台市—邯郸市的轴带状分布，环境压力低值区分布在张家口市和承
德市；2012 年，环境压力高值区范围缩小至保定市、石家庄市、邢台
市，环境压力低值区向东北部转移，主要分布在承德市、秦皇岛市、
唐山市和廊坊市。

表6-5　2012年京津冀地区工业发展的环境压力的前1/4行业（9类）评价值

城市	1998年									2012年								
	D44	C17	C22	C30	C26	C19	C31	C32	C13	D44	C17	C22	C30	C26	C19	C31	C32	C13
北京市	0.572	0.633	0.007	1.000	0.171	0.354	0.400	0.013	0.688	0.400	0.035	0.019	0.218	0.056	0.001	0.017	0.031	0.067
天津市	0.695	0.840	0.102	0.604	0.987	0.155	0.183	0.142	0.714	1.000	0.205	0.166	0.093	0.853	0.023	0.178	0.162	0.218
石家庄市	0.515	0.433	0.097	0.281	0.365	1.000	0.641	0.045	0.026	0.510	0.552	0.454	0.722	0.790	0.392	0.113	0.071	1.000
保定市	0.196	0.360	0.076	0.000	0.076	0.000	0.297	0.002	0.003	0.113	1.000	0.708	0.215	0.039	0.707	0.005	0.751	0.045
唐山市	0.338	0.079	1.000	0.000	0.584	0.000	0.759	0.496	0.056	0.492	0.007	0.828	0.658	0.076	0.012	1.000	0.012	0.022
廊坊市	0.003	0.043	0.001	0.065	0.001	0.000	0.141	0.000	0.643	0.053	0.011	0.063	0.180	0.023	0.054	0.171	0.169	0.138
邯郸市	0.929	0.105	0.056	0.008	0.221	0.014	0.216	1.000	0.083	0.345	0.045	0.075	0.164	0.048	0.000	0.524	0.007	0.038
秦皇岛市	0.186	0.053	0.184	0.000	0.025	0.000	0.714	0.001	0.346	0.123	0.013	0.231	0.097	0.009	0.000	0.113	0.000	0.700
张家口市	0.131	0.021	0.065	0.155	0.229	0.119	0.172	0.046	0.202	0.293	0.058	0.024	0.100	0.149	0.165	0.074	0.029	0.190
承德市	0.006	0.000	0.001	0.000	0.000	0.000	0.053	0.018	0.472	0.062	0.005	0.000	0.053	0.040	0.000	0.102	0.069	0.266
沧州市	0.041	0.055	0.060	0.046	0.167	0.000	0.020	0.005	0.003	0.044	0.113	0.202	0.104	0.214	0.285	0.021	0.493	0.148
邢台市	0.003	0.610	0.054	0.000	0.025	0.000	0.098	0.000	0.030	0.087	0.369	0.380	0.725	0.101	0.773	0.064	0.072	0.602
衡水市	0.018	0.085	0.021	0.000	0.413	0.194	0.071	0.026	0.035	0.006	0.037	0.002	0.097	0.199	0.506	0.001	0.088	0.037

造纸和纸制品业环境压力集聚特征明显，1998—2012 年环境压力高值区和低值区范围都扩大。1998 年，环境压力高值区集中在唐山市和秦皇岛市；低值区集中在承德市、北京市和廊坊市。2012 年，环境压力高值区集中在唐山市、秦皇岛市，保定市、石家庄市和邢台市；低值区集中在张家口市、承德市、北京市和衡水市。

非金属矿物制品业环境压力高值区扩张，低值区缩小。1998 年，环境压力高值区分布在北京市和天津市，低值区分布在京津冀东北部的承德市、秦皇岛市和唐山市，中部和南部的保定市、衡水市、邢台市和邯郸市。2012 年，环境压力高值区扩张，形成唐山市、北京市、保定市、石家庄市和邢台市的带状分布格局；环境压力低值区只有承德市。由于治污技术水平不高、产业布局不合理，非金属矿物制品在产能扩张的同时也造成环境压力迅速扩张。

化学原料和化学制品制造业高值区由大分散小集聚转变为集中连片分布，低值区表现为分散分布。1998 年环境压力高值区主要是天津市、唐山市，石家庄市、衡水市的组团式分布，低值区主要分布在承德市、秦皇岛市、廊坊市和邢台市。2012 年，环境压力高值区形成天津市、沧州市、衡水市和石家庄市的集中连片带状分布，低值区主要分散在秦皇岛市和廊坊市。

皮革、皮毛、羽毛及其制品和制鞋业由核心边缘分布向南高北低分布演变。1998 年，环境压力高值区形成北京市、石家庄市两个核心，低值区形成承德市—秦皇岛市—唐山市和廊坊市—保定市—沧州市两个组团式分布。2012 年，环境压力高值区集聚在中部和南部的保定市、石家庄市、衡水市和邢台市，形成组团分布；低值区集聚在中部及以北、以东的北京市、天津市、唐山市、秦皇岛市和承德市。

黑色金属冶炼和压延加工业 1998 年环境压力高值区分布在东北部的秦皇岛市和唐山市，中南部的石家庄市；低值区分布在北部的承德，东南部的沧州市。2012 年环境压力高值区分布在唐山市，低值区形成由北京市、保定市、沧州市和衡水市组成的团状空间分布。

有色金属冶炼和压延加工业发展的环境压力高值区由南部和东北部向中部集聚，低值区范围急剧缩小的空间演变特征明显。1998 年，环境压力高值区主要分布在邯郸市、唐山市；低值区形成秦皇岛市、承德市、北京市、廊坊市、沧州市的集中连片分布。2012 年，环境压力高值区转移至京津冀地区中部的保定市和沧州市，低值区缩小秦皇岛市和唐山市。

农副食品加工业的环境压力空间格局由北高南低转变为核心边缘分布。1998 年，环境压力高值区主要分布在北京市、天津市和廊坊市，低值区分布在保定市、沧州市、石家庄市、衡水市和邢台市。2012 年，环境压力高值区形成秦皇岛市和石家庄市—邢台市两个核心；低值区紧邻高值区分布在唐山市、保定市、衡水市和邯郸市。

第五节 京津冀地区工业发展的资源环境效率时空演化特征

一 京津冀地区工业发展的资源环境效率有所提高

对比 1998 年和 2012 年，京津冀地区工业行业资源环境效率提高，平均值由 0.518 增加至 0.611，年均增长率 1.19%，工业行业资源环境效率整体上还有较大的提升空间。电子信息、装备制造和烟草行业等技术密集型和资本密集型产业资源环境效率高（见图 6-14）。工业资源环境效率大于 1 的行业数量没有发生变化，数量都为 6 个。计算机、通信和其他电子设备制造业，木材加工和木、竹、藤、棕、草制品业，烟草制品业、仪器仪表制造业四类行业资源环境效率在两个年份都大于 1；此外，1998 年家具制造业，纺织服装、服饰业工业资源环境效率也大于 1，2012 年汽车制造业和铁路、船舶、航空航天和其他运输设备制造业工业资源环境效率大于 1。工业资源环境效率小于 0.3 的行业数量减少 1 个，由 14 个行业减少为 13 个行业。从工业资源环境效率的变化方向看，纺织服装、服饰业资源环境效率降低程度最大，降低率为 64.39%。其他工业行业资源环境效率表现出增大的趋势，其中汽车制造业和仪器仪表制造业资源环境效率分别增长 0.628 和 0.748，增长幅度较高。

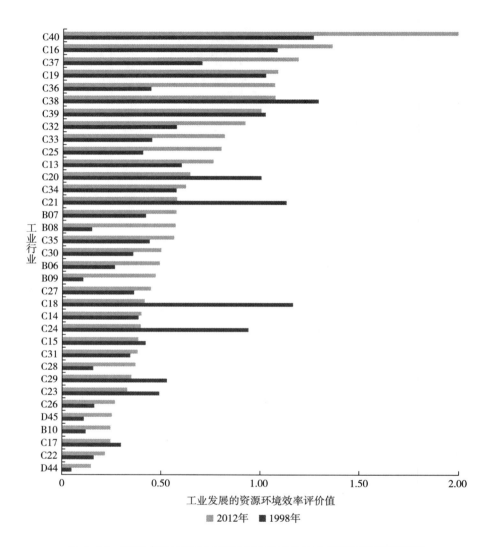

图6-14 1998年和2012年京津冀地区工业行业资源环境效率变化

综合京津冀地区工业行业资源环境效率的演化，轻工业资源环境效率略高于重工业，但差异不大。轻工业发展集约性较高，资源依赖程度较低，能更高效地利用技术；而重工业进入壁垒高，多是技术密集型行业，技术水平占优势但技术利用效率低于轻工业，能源消耗量大，资源环境效率低。从生产要素主要投入类型来看，工业行业资源环境效率从低到高分别为：资源密集型产业、资本密集型产业、劳动密集型产业和技术密集型产业。资源密集型产业与资源的联系最为紧密，在工业化进程中，虽然生产力获得极大解放，但是对资源的不合理开发利用也造成了严重的环境污染。资本密集型产业是发展国民经济和实现工业化的重要基础，产业发展需要大量的资金和技术设备，其资金周转和投资效果较慢，在技术设备和资本投入达不到一定门槛时，产业发展表现出较高的资源依赖性，资源环境效率也较低，但是当技术研发与改进能力得到改善时，产品附加值提高，将有利于提高其资源环境效率。劳动密集型产业一般属于资源消耗大的产业，产业发展初期劳动成本和资源成本优势使产业获得较高的生产效益，资源环境效率也较高，但其行业规模不断扩大，竞争日益激烈，当以低劳动力生产成本和低资源成本不足以支撑产业发展时，产业附加值逐渐下降，资源环境效率也随之降低。技术密集型产业对资源的依赖程度最低，生产结构中技术知识占比大，科技人员在劳动力中比重大，科研费用与科研转化率高，产品附加值高，增长速度快，资源环境效率最高。

二　京津冀地区工业发展的资源环境效率空间分布"从中间向四周降低"转变为"北高南低"

1998 年工业资源环境效率呈现"从中间向四周降低"的空间分布格局。高值区主要分布在中部的北京市、廊坊市和东南部的衡水市，低值区主要分布在南部的邢台市、邯郸市和东北部的唐山市。2012 年工业资源环境效率呈现"北高南低"的空间分布格局。高值区主要分布在北部的承德市、张家口市，东北部的秦皇岛市，中部的北京市、天津市和东南部的衡水市。低值区依然分布在邢台市、邯郸市和唐山市。对比 1998 年和 2012 年各城市工业资源环境效率变化，除廊坊市以外，其他城市工业资源环境效率都有所提升，其中张家口市和承德市工业资源环境效率分别增加 0.582 和 0.478，增长幅度最高。

综合京津冀地区工业资源环境效率空间演化，高值区城市数量增加，主要集中在北部、中部和东南部城市。北部地区的张家口市、承德市和秦皇岛市通过升级与发展并举，提升改造传统工业，发展新型能源和装备制造产业，逐步向新型工业、绿色工业过渡。中部地区的北京市和天津市持续优化工业行业内部结构，构建"高精尖"的经济结构，完善工业创新体系，提升工业资源环境效率。东南部的衡水市主要集聚了一些农副产品加工、纺织服装业、金属制品等产业集群，虽然显示资源环境效率较高，但产业发展仍处于初级阶段，以电子信息、生物技术和新材料为代表的高新技术产品尚未形成气候。未来产业发展需要依托产业基础，延伸产业链条，引领产业升级，推动战略性新兴产业集聚发展，实现资源高效配置，提高产业全要素生产率。低值区空间分布稳定，主要集中在南部和东北部城市。这些城市集中了京津冀地区大量的高耗能高污染行业，其中，钢铁行业和煤化工业集中在资源丰富的唐山市和邯郸市，石油加工业和化工业集中在唐山市、邯郸市、邢台市和石家庄市，电力行业在各市广泛分布，纺织行业集中在石家庄市、邢台市。资源利用水平低、发展模式粗犷的行业特征使得城市整体资源环境效率也难以达到最优前沿面，能源消耗和污染排放缩减空间还很大。

　　由京津冀地区工业发展的资源环境压力与效率的测算结果可知，京津冀地区工业发展的资源环境压力和资源环境效率在行业和空间上都呈现增加的趋势。第六节的研究目的是分析京津冀地区工业发展的资源环境压力的影响因素，这些因素对工业发展的资源压力、环境压力和资源环境效率的影响具有非均衡性，起作用强度在时间和空间上的变化强弱不均。对应 1998 年和 2012 年京津冀地区工业发展的资源环境压力变化，以这两个年份京津冀地区各城市的相关数据为基础，选取工业经济要素为解释变量，运用空间效应模型，研究这些影响因素对工业发展的资源环境压力的作用方向、作用强度的变化。基于这些影响因素，结合第七章资源环境对工业发展的约束，提出通过优化产业结构和空间布局提高资源环境效率，减轻资源环境压力的对策建议。

第六节　京津冀地区工业发展的
资源压力影响机制

一　京津冀地区工业发展的资源压力影响因素

　　表6-6显示了1998年和2012年京津冀地区工业发展的资源压力影响因素的OLS模型和空间误差模型对比。在综合考虑8种影响因素的前提下，1998年，京津冀地区工业发展的资源压力的正向影响因素从大到小为：轻重产业结构和工业生产力水平。负向影响因素从大到小为：工业外向水平和工业所有制结构。2012年，京津冀地区工业发展的资源压力的正向影响因素从大到小依次为环境规制、工业技术创新。负向影响因素从大到小依次为产业结构、工业外向水平、工业化水平和工业生产力水平。

　　产业结构、工业生产力水平和工业化水平对工业发展的资源压力的影响由负向变为不明显。其中，1998年，产业结构对工业发展的资源压力的负向作用最大。工业所有制结构对工业发展的资源压力的影响由不明显变为负向。工业外向水平对工业发展的资源压力的负向影响增强，是2012年工业发展的资源压力负向作用强度最大的因素。工业化早期尚未进入大规模的矿产资源高消耗阶段，重工业化特征还不明显，资源消费低的行业所占比重提升，会促进工业总体能源消耗降低，同时劳动生产率提高可以与资源要素进行替代作用，有效提高资源环境效率支撑经济社会持续发展，从而降低资源消耗规模。随着工业化水平不断提高，工业占比下降，对外经济不断发展，出口商品中高耗能产品比重逐渐降低；经济体制改革加深，有利于地区优化资源配置和充分发挥比较优势，这些因素都有利于资源集约生产利用。

　　轻重工业结构对工业发展的资源压力的影响由不明显转变为正向，是2012年工业发展的资源压力正向作用强度最大的因素。京津冀工业化发展势头迅猛，工业结构由主要以轻工业为主向重工业为主过渡。重工业化的突出特征表现为高耗能行业的快速增长，不管重工业资源效率有多高，其用水、能源等原材料需求都在急剧增加，资源瓶颈制约作用加强。

环境规制对工业发展的资源压力的影响作用由正向转变为不明显，1998 年，环境规制对工业发展的资源压力的正向影响强度最大。环境规制表现为工业生产过程中污染治理的提高，这种提高以污染治理投入要素的增加为基础，并不能带来直接的生产价值，污染治理投入引发的"挤出效应"导致其他方面投资的减少，可能引起生产和管理过程中企业生产的无效率，带来生产活动资源的浪费和过度消耗。

工业技术创新对工业发展的资源压力的正向影响减弱。工业技术创新带来工业经济快速发展，加剧了资源需求，使得因资源效率提升而减少的能源投入被新一轮资源需求所抵消，即技术进步会带来"资源回弹效应"。

表 6-6　　　京津冀地区工业发展的资源压力影响因素的
OLS 模型和空间误差模型对比

自变量系数	OLS 模型				空间误差模型			
	1998 年		2012 年		1998 年		2012 年	
	系数	Z 值	系数	Z 值	系数	Z 值	系数	Z 值
β_0	-0.713	-0.771	-1.620	-2.206	-0.815**	-2.118	-2.779***	-2.813
产业结构	-0.370	-1.332	-1.467	-1.577	-1.008***	-5.601	-0.366	-0.635
工业技术创新	0.239***	9.556	0.139*	2.581	0.236***	25.419	0.202***	3.420
工业生产力水平	-0.131*	-2.139	0.022	1.464	-0.114***	-4.755	0.005	0.502
轻重工业结构	0.228	0.592	0.770*	2.159	0.284	1.281	1.266***	3.704
工业所有制结构	-0.056	-0.207	-0.417	-1.628	-0.014	-0.105	-0.679***	-4.783
工业外向水平	-0.411	-1.150	-1.568**	-3.282	-0.758***	-4.111	-1.701***	-3.606
环境规制	0.521	1.426	0.203	0.582	0.666***	4.136	-0.124	-0.376
工业化水平	-1.025	-1.372	2.123	2.033	-0.573**	-2.050	1.821	1.480
M	—	—	—	—	1.128***	25.586	-2.919***	-117.715
R^2	0.973		0.902		0.986		0.932	
对数似然值	22.237	—	13.703	—	27.454	—	16.134	—

注：*代表 10% 水平下显著，**代表 5% 水平下显著，***代表 1% 水平下显著。

二　京津冀地区工业发展的环境压力影响因素

表 6-7 显示了 1998 年和 2012 年京津冀地区工业发展的环境压力影响因素的 OLS 模型和空间误差模型对比。在综合考虑 8 种影响因素的前提下，1998 年，京津冀地区工业发展的环境压力的正向影响因素从大到小依次为环境规制、轻重工业结构和工业技术创新；负向影响因素从大到小依次为工业化水平、工业所有制结构和工业生产力水平。2012 年，京津冀地区工业发展的环境压力的正向影响因素从大到小为：工业化水平、轻重工业结构、工业技术创新和工业生产力水平；负向影响因素为工业外向水平。

工业生产水平和工业化水平对工业发展的环境压力的影响由负向变为正向。工业化水平是 1998 年工业发展的环境压力负向作用强度最大的因素，也是 2012 年工业发展的环境压力正向作用强度最大的因素。与资源压力类似，工业化初期资源消耗规模尚不显著，产生废水、废气等污染物总量相对较少。工业化进程中，经济增长和经济规模的不断扩大，产业结构长期得不到有效改善将会加剧环境恶化，依靠工业化加深和经济发展自动改善环境污染状况并不现实，推动产业结构高级化，改变经济增长方式才是解决工业环境污染的出路。工业化进程的一个显著特点是城镇化率的不断提高，早期人口向城市地区的流动给工业生产提供了丰富的劳动力资源，劳动力成本降低，工业生产水平提高有利于资源环境效率的提升，在资源消耗规模没有显著增长的情况下有利于缓解环境污染。随着城镇化率和劳动成本的不断提高，劳动力数量增加，但劳动生产率不会无限增长，在工业经济规模增长的情况下，工业生产带来的环境污染势必增加，工业发展的环境压力难以化解。

工业所有制结构对工业发展的环境压力的影响由负向变为不明显。工业外向水平对工业发展的环境压力的影响由不明显变为负向。1998 年到 2012 年，京津冀地区国有企业产值占比降低，外资产值占比上升。京津冀地区工业所有制结构变迁中，国有经济不断减少，非国有经济不断壮大，国有经济以对特定行业的控制为基础发挥主导作用。环境问题治理早期，国有企业具有购买国外先进技术并进行消化吸收再创造的能力，进而带动工业绿色发展能力。随着经济体制改革，国有经济逐步退出，非国有经济不断发展，虽然资源环境效率得到提升，但污染规模也在扩大。外资企业环保标准与环境污染治理技术较高，随着外资产业不断发展，更有利于开展绿色技术创新，产生清洁生产技术空间外溢，缓解区域工业环境污染问题。

工业技术创新的正向影响作用减弱。工业研发投入存在着路径依赖，在经济发展初期污染密集产业具有相对优势。主要研发投入流向这些"污染"投入部门，产生的技术进步扩大了其在市场中的竞争优势，从而产生更大的环境污染。具有"清洁"投入的技术密集和资本密集型产业不发达，清洁技术无法得到长足发展。因此，政府部门需要对清洁投入部门实施较大力度的研发补贴，或者对污染制造部门的研发制定必要的环境考核措施。才能积极引导研发投入流向环境友好产业，解决污染问题。

环境规制对工业发展的环境压力的影响由正向变为不明显。1998年，环境规制是工业发展的环境压力正向影响作用强度最大的因素。环境规制实质上是将环境外部成本内部化，企业为提高污染物处理能力所支付的费用，会增加企业成本，挤占企业资源。企业为取得经济效益只能通过提高产品价格转嫁给消费者，带来不良后果就是抑制企业竞争力和市场需求，反过来会影响企业治污意愿。同时严格的环境规制政策对绿色产品与工艺创新产生一定程度的抑制作用。环境规制系数不显著，可能暗示了京津冀地区环境治理效率不高，未对环境污染造成明显影响。

轻重工业结构对工业发展的环境压力的正向影响作用增强。京津冀地区重工业生产消耗大量煤炭、钢铁、石油等资源，能源结构失衡带来的是环境污染蔓延，根据工业发展阶段理论"轻工业—重化工业—新型工业"演化的规律，1998—2012年，京津冀地区重工业产值比重增长，处于重化工业增长阶段，与之相对应的是污染物排放扩大的趋势。京津冀地区重工业在短期内大规模削减并不现实，减少工业发展带来的污染问题仍需巨大努力。

表 6-7 京津冀地区工业发展的环境压力影响因素的
OLS 模型和空间误差模型对比

自变量系数	OLS 模型				空间误差模型			
	1998 年		2012 年		1998 年		2012 年	
	系数	Z 值	系数	Z 值	系数	Z 值	系数	Z 值
β_0	-0.632	-0.857	-1.730	-2.013	-0.925	-1.924	-1.028	-2.511
产业结构	-0.076	-0.345	0.354	0.325	-0.117	-0.919	-0.876	-1.437
工业技术创新	0.196***	9.795	0.147	2.342	0.195***	17.685	0.088**	2.567
工业生产力水平	-0.126*	-2.574	0.004	0.210	-0.106***	-3.570	0.019*	1.929
轻重工业结构	0.357	1.161	0.363	0.871	0.457***	3.221	0.470**	2.457
工业所有制结构	-0.592*	-2.736	0.043	0.142	-0.597***	-6.064	-0.094	-0.583
工业外向水平	-0.096	-0.336	-0.812	-1.453	-0.179	-0.933	-1.032***	-4.439
环境规制	1.179**	4.048	-0.335	-0.819	1.290***	8.098	-0.035	-0.171
工业化水平	-2.362**	-3.959	0.389	0.318	-2.424***	-5.988	1.736***	2.716
M	—	—	—	—	-0.872***	-3.213	0.690***	3.869
R^2	0.977	—	0.753	—	0.983	—	0.812	—
对数似然值	25.171		11.665		25.937		12.233	

注：*代表10%水平下显著，**代表5%水平下显著，***代表1%水平下显著。

三　京津冀地区工业发展的资源环境效率影响因素

表 6-8 显示了 1998 年和 2012 年京津冀地区工业环境效率影响因素的 OLS 模型和空间误差模型对比。在综合考虑 8 种影响因素的前提下，1998 年，京津冀地区工业资源环境效率的正向影响因素从大到小为工业外向水平和工业化水平。负向影响因素从大到小为产业结构和工业所有制结构。2012 年，京津冀地区工业资源环境效率的正向影响因素从大到小为：工业技术创新、产业结构、工业外向水平和工业所有制结构。负向影响因素为工业化水平和工业生产力水平。

产业结构和工业所有制结构对资源环境效率的影响由负向变为正向，1998 年工业结构对资源环境效率的负向作用强度最大。1998—2012 年，京津冀地区工业增加值占 GDP 比重和国有企业产值占工业总产值比重都有所下降，地区经济结构由工业主导型向服务业主导型逐渐转变，进而资源环境消耗强度有所下降，资源环境效率得到提升。国有企业占比越高，企业垄断性越强，国有企业比重降低，可以有效激发企业提高生产运营效率，从而提高资源环境效率。

工业化水平对资源环境效率的影响由正向变为负向，2012年，对资源环境效率的负向作用强度最大。工业化水平提高是工业占比降低和城镇化率提高的过程。研究期内，工业占比降低有利于提高资源环境效率，而城镇化率提高对资源环境效率有降低的作用。城市化水平逐步提高，资源需求量大并且利用率不高，废弃物排放量随之增加，生态环境遭受破坏，对绿色经济效率产生负向影响。

工业技术创新对资源环境效率的影响由不明显转变为正向，2012年，对资源环境效率的正向作用强度最大。从长远来看，工业技术进步通过生产技术创新和清洁技术开发两方面作用于资源环境系统，生产技术创新使资源得到节约和重复利用，降低单位产品能耗，清洁技术开发提高生产工艺，改进资源利用方式，从而提高资源环境效率。

工业生产力水平对资源环境效率由不明显转变为负向。工业化和城镇化的推进促进人口向城市地区的聚集，吸引了资本、技术和知识要素的流入，产生集聚经济，但工业化和城镇化高速推进也会产生一系列问题，例如能源消耗和环境污染增加，交通拥堵等，当资源消耗和污染排放规模大于集聚经济的正向作用时，生产力水平提高会对资源环境效率产生负向作用。

工业外向水平对资源环境效率的正向影响减弱，1998年，对资源环境效率的正向作用强度最大。对外开放政策实施以来，外资首先流入经济发达地区，地区吸收国外先进的技术和管理经验，不断改善资源合理配置，推动产业结构升级和技术进步，进而提高资源环境效率。但也要提高管理和监督，警惕污染企业流入对资源环境产生的负向影响。

表 6-8　　　　京津冀地区工业资源环境效率影响因素的
OLS 模型和空间误差模型对比

自变量系数	OLS 模型				空间误差模型			
	1998 年		2012 年		1998 年		2012 年	
	系数	Z 值	系数	Z 值	系数	Z 值	系数	Z 值
β_0	−3.238	−0.859	−3.137	−0.490	−0.983	−0.411	−15.492***	−7.083
产业结构	−0.030*	−2.677	0.066	0.648	−0.031***	−4.786	0.180***	8.834
工业技术创新	0.005	0.045	0.236	0.582	0.003	0.052	0.728***	6.494
工业生产力水平	−0.015	−1.016	0.006	0.164	−0.012	−1.322	−0.098***	−6.903
轻重工业结构	0.026	1.663	0.000	0.742	0.018	2.358	0.001	9.475
工业所有制结构	−0.026*	−2.311	−0.010	−0.513	−0.022***	−4.013	0.021***	3.981
工业外向水平	0.428	1.711	0.048	0.443	0.274*	1.812	0.168***	5.812
环境规制	0.001	0.047	−0.020	−0.774	−0.006	−0.694	−0.001	−0.101
工业化水平	0.043	1.426	−0.115	−0.899	0.050**	2.517	−0.252***	−6.618
M	—	—	—	—	−0.659**	−2.031	−1.769***	−121.943
R^2	0.877	—	0.393	—	0.894	—	0.964	—
对数似然值	3.974	—	−12.356	—	4.180	—	−10.133	—

注：＊代表 10%水平下显著，＊＊代表 5%水平下显著，＊＊＊代表 1%水平下显著。

四　京津冀地区工业发展的资源环境压力影响机制

分析京津冀地区工业发展的资源压力、环境压力和资源环境效率影响因素的作用方向和强度，得出京津冀地区工业发展的资源环境压力的作用机制（见图6-15）。工业技术创新提高了资源环境效率，但由于研发投入的路径依赖与资源回弹效应，也增加了资源环境压力；工业生产力水平提高了资源环境效率，降低了资源压力，对环境压力作用方向不一致；工业所有制结构改革和外向经济发展有利于资源环境压力降低；工业化水平提高和产业结构升级有利于资源压力降低；环境规制会增加企业成本，挤占企业资源，影响企业治污意愿，不能缓解工业发展的资源压力和环境压力；重工业化增加了工业发展的资源压力和环境压力。

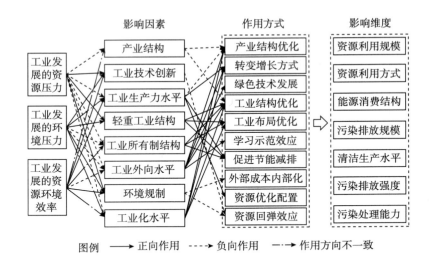

图6-15 京津冀地区工业发展的资源环境压力影响机制

第七节 本章小结

京津冀地区是中国人口和工业最集聚的地区之一，工业经济在全国占有重要地位，尤其是石化、冶金、煤化工等重化工业发达，在促进经济社会发展的同时，加剧了地区资源环境压力。本章采用熵权TOPSIS法和Super-SBM方法，构建京津冀地区工业发展的资源环境压力与效率综合评价指标体系，研究其在工业行业层面的时间演化特征，城市层面的空间分异特征。在此基础上，从工业结构、技术进步、经济制度等角度选取产业结构、工业技术创新、工业生产力水平、轻重工业结构、工业所有制结构、工业外向水平、环境规制、工业化水平8个变量，构建了空间误差模型，研究这些影响因素对京津冀地区工业发展的资源环境压力的作用方向和强度。研究结果表明：

（1）京津冀地区工业发展的资源压力增加，工业用水、能耗总量大幅增加，以电力、热力生产和供应业，石油、煤炭加工，化学原料和化学品制造，金属冶炼和压延加工业等为代表的能源行业、冶金行业和化工行业资源压力大。京津冀地区工业发展的资源压力空间分布由"核心边缘"分布向轴带分布转变，工业发展的资源压力高值区扩张，与交通线路、输水线路重合度高，以京津为中心向唐山和石家庄延伸形成轴带。由于各城市工业发展水平、工业集聚、资源禀赋条件、交通区位条件不同，因此不同工业行业的资源压力空间分异特征具有明显的差异性。

（2）京津冀地区工业发展的环境压力增大，工业废水、工业SO_2、工业烟（粉）尘排放量增加，以电力、热力生产和供应业，纺织业，造纸和纸制品业，非金属矿物制品业能源，金属冶炼和压延加工业等为主的能源、纺织、造纸、冶金和建材行业环境压力大。京津冀地区工业发展的环境压力空间分布由"碎片化"向"整体性"演变，工业发展的环境压力高值区由以天津为中心转变为京保石和京津唐集中连片分布。由于各城市工业发展水平、工业集聚程度、技术水平、环境规制强度等不同，因此不同工业行业的环境压力空间分异特征具有明显的差异性。

（3）京津冀地区工业资源环境效率提高，电子信息、装备制造和烟草行业等资源环境效率高。从轻重工业看，轻工业资源环境略高于重工业。从生产要素投入类型看，资源环境效率从高到低分别为技术密集型产业、劳动密集型产业、资本密集型产业和资源密集型产业。从空间分布上，京津冀地区工业资源环境效率的空间分布由"从中间向四周降低"转变为"北高南低"。

（4）产业结构、工业生产力水平和工业化水平对工业发展的资源压力的减缓作用降低为不明显。与之相对应的是，工业所有制结构对工业发展的资源压力的影响由不明显转变为负向作用。对外经济发展有利于降低工业发展的资源压力，并且作用强度变大。重工业发展对工业发展的资源压力的作用由不明显转变为正向推动作用。环境规制对工业发展的资源压力的推动作用降低为不明显。工业技术创新并对工业发展的资源压力表现出正向推动作用，但作用强度降低。

（5）工业生产水平和工业化水平对工业发展的环境压力的影响由负向变为正向。工业所有制结构和工业外向水平两个因素此消彼长，外向经济发展对工业发展的环境压力的影响由不明显转变为缓解作用，国有经济发展与之相反。工业技术创新并没有缓解环境压力，反而有推动作用，但推动作用降低。重工业发展增加了环境压力并且作用强度增加。

（6）产业结构和工业所有制结构对资源环境效率的影响由负向转变为正向，工业化水平与之相反。工业技术创新和工业生产水平对资源环境效率的影响由不明显分别转变为正向和负向。外向经济发展有利于提高资源环境效率，但提升速度减缓。

第七章　资源环境压力约束下京津冀地区
工业结构调整及空间布局优化

　　工业发展的资源环境压力反映了工业发展规模、结构和空间布局的合理性。如何发挥工业结构转变和空间组织优化对资源的再配置作用，提高资源利用效率，降低区域资源环境压力，是本研究的出口和实践意义所在。在以往研究和实践工作中，大多考虑社会经济因素对工业结构和空间组织的选择和优化，对资源环境要素的考虑较少。随着中国经济发展进入新常态，社会、政府等对资源环境问题越来越重视，资源环境保护已经处于与经济发展同等重要的战略地位，甚至高于经济发展。显然，在工业结构调整和空间布局优化中，资源环境的约束应该受到更广泛的关注。

　　基于以上背景，本章从应用角度出发，以京津冀地区工业发展的资源环境压力和效率评价为基础，第一，测算工业资源环境熵和区域资源环境熵；第二，基于资源环境熵和资源环境效率分析京津冀地区工业结构和空间布局演化特征；第三，提出基于资源环境熵和资源环境效率约束下京津冀地区的工业结构调整和空间布局优化的路径。

第一节　研究方法

一　研究思路构建

　　研究思路构建将资源环境要素纳入区位熵的概念中，计算工业资源环境熵和区域资源环境熵，分析京津冀地区工业结构和空间布局的演化特征，结合京津冀地区各地市经济发展、工业专项、能源等"十三五规划"，《京津冀及周边地区工业资源综合利用产业协同转型提升计划（2020—2022 年）》《京津冀协同发展规划纲要》等资料，提出资源环境约束下工业结构调整和空间布局优化路径，并为实现组织优化目标提出相关政策建议，以期为政府部门综合决策提供理论依据。基于以上思考，得出本章资源环境约束下工业结构调整和空间布局优化的理论分析思路（见图7-1）。

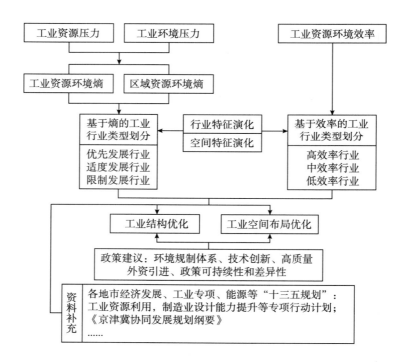

图 7-1　资源环境约束下京津冀地区工业结构和空间布局优化研究思路

二　工业资源环境熵和区域资源环境熵

区位熵是衡量某一区域要素或产业部门在其高层次区域中的地位和作用的主要测度指标。借鉴区位熵的概念，以京津冀地区为实证研究区域，通过构建工业资源环境熵和区域资源环境熵计算模型，提出资源环境约束下京津冀地区工业结构及空间布局优化路径。

（一）工业资源环境熵

工业资源环境熵主要指某地区某行业单位资源消耗和污染排放产生的经济价值与该地区工业整体上单位资源消耗和污染排放产生的经济价值之比值，反映了该行业资源环境产生的经济效益与该地区总体资源环境产生的经济效益相比所具备的优势或劣势，其计算公式为：

$$QI = \frac{\sum_{i=1}^{n} W_i \dfrac{v_i/a_i}{v/a}}{n} \qquad (7-1)$$

式（7-1）中，QI 为某行业的工业资源环境熵；v_i 为该地区 i 行业工业总产值；a_i 为该地区 i 行业发展过程中消耗的水、能源等资源量和工业废水、工业 SO_2、工业烟（粉）尘等污染物排放量；W_i 为 i 行业资源环境因子的权重；v_i 为该地区工业总产值；a 为该地区工业某种资源消耗总量或污染排放总量。$QI>1$，表明该地区 i 行业资源环境效率高于该地区整体水平，QI 值越大，表明 i 行业在该地区发展受资源环境约束越小；$I_{CQ}<1$，表明该地区 i 行业资源环境效率低于该地区整体水平，I_{CQ} 值越小，表明 i 行业在该地区发展受资源环境约束越大。

（二）区域资源环境熵

区域资源环境熵表示某地区某行业单位资源消耗和污染排放产生的经济效益与其上层区域（如京津冀之于各市，全国之于京津冀）该行业单位资源消耗和污染排放产生的经济效益之比，反映了某地区某行业资源环境产生的经济效益与其上层区域对应行业相比所表现的优势或劣势，其计算公式为：

$$QR = \frac{\sum_{i=1}^{n} W_i \dfrac{v_i/a_i}{V/A}}{n} \qquad (7-2)$$

式（7-2）中，QR 为 i 行业的区域资源环境熵；v_i、a_i、W_i 与公式（7-1）含义相同；V 为该地区上层区域 i 行业的工业总产值；A 为该地区上层区域 i 行业的某种资源消耗总量或污染排放总量。$QR>1$，表明某地区 i 行业的资源环境效率水平高于其上层区域，QR 值越大，表明该地区 i 行业与其上层区域相比，受资源环境约束程度越小；

$QR<1$，表明某地区 i 行业的资源环境效率低于其上层区域，QR 值越小，表明该地区 i 行业与其上层区域相比，资源环境约束性越大。

第二节 基于资源环境熵的京津冀地区工业结构与空间布局演变特征

一 基于资源环境熵的京津冀地区工业行业发展类型划分

基于京津冀地区与全国各行业资源消耗、环境污染和工业总产值数据，测算京津冀地区 35 个行业的产业资源环境熵（QI）和区域资源环境熵（QR）。根据 QI 和 QR 的大小，将京津冀地区 35 个行业划分为三种类型（见表 7-1）。（1）优先发展行业：QI 和 QR 都大于 1，这类产业资源消耗和环境污染综合强度不仅高于京津冀地区整体水平也高于全国同类行业水平，仅从资源环境效率角度考虑，应鼓励这类产业发展；（2）适度发展行业：QI 大于 1 且 QR 小于 1 或者 QI 小于 1 且 QR 大于 1，这类产业与京津冀整体水平或全国同类行业水平相比，资源环境效率具备一定竞争优势，应视具体情况适度发展；（3）限制发展行业：QI 和 QR 都小于 1，这类产业资源消耗和环境污染综合强度不仅低于京津冀地区整体水平也低于全国同类行业水平，仅从资源环境效率角度考虑，应限制这类产业发展。

表 7-1　　　　基于工业资源环境熵和区域资源环境熵的

京津冀地区工业行业发展类型划分

行业类型	约束条件	1998 年	2012 年
优先发展	$QI>1$ 且 $QR>1$	B08、B09、C13、C14、C15、C17、C18、C19、C20、C21、C24、C25、C27、C29、C30、C32、C33、C34、C35、C36、C37、C40	C32、C37、C40

续表

行业类型	约束条件	1998 年	2012 年
适度发展	$QI>1$ 且 $QR<1$ $QI<1$ 且 $QR>1$	B07、C16、C22、C23、C26、C28、C31、C38、C39、D45	B06、B07、B08、B09、B10、C13、C14、C15、C16、C17、C18、C19、C20、C21、C22、C23、C24、C27、C28、C29、C33、C34、C35、C36、C38、C39、D45
限制发展	$QI<1$ 且 $QR<1$	B06、B10、D44	C25、C26、C30、C31、D44

二 基于资源环境熵的京津冀地区工业结构演变特征

京津冀地区工业行业发展类型由优先发展向适度发展和限制发展转变。从工业行业来看，1998 年和 2012 年，京津冀地区优先、适度、限制三类行业产值比例由 54.65：38.23：7.12 转变为 2.39：58.83：38.78，行业数量分别由 22 个、9 个和 3 个转变为 3 个、26 个和 5 个，京津冀地区工业行业受到资源环境的约束性增强。

优先发展行业产值比例和行业数量降低，行业资源环境熵由 4.39 增加到 112.18，区域资源环境熵由 11.40 下降到 4.73，表明在资源环境约束下，京津冀地区优先发展行业竞争力提升，在全国同类型行业占有优势，但优势下降。1998 年，京津冀地区优先发展行业包括了金属矿产采选及加工业，食品加工制造业，纺织行业，木材加工及家具制造业，设备制造业等大多数产业，在京津冀和全国范围内资源环境效率都占有优势。2012 年，京津冀地区鼓励发展行业仅包括有色金属冶炼和压延加工业、铁路、船舶、航空航天和其他运输设备制造业，仪器仪表制造业三类产业。

适度发展产业产值比例和行业数量增加，行业资源环境熵由 2.63 增加到 7.70，区域资源环境熵由 1.40 下降到 0.28，表明资源环境约束下，京津冀地区适度发展行业竞争力增强，但与全国同类型行业相比竞争力下降。1998 年，京津冀适度发展行业包括石油和天然气开采业，烟草制品业，造纸行业，化工行业，计算机、通信和其他设备制造业，电气机械和器材制造业，燃气生产和供应业等行业。2012 年，京津冀地区适度发展行业包括所有采掘业、食品加工与制造、纺织行业、木材行业、纸制品行业、设备制造业等大多数行业。

限制发展行业产值比例和行业数量增加，行业资源环境熵由0.44增加到0.60，区域资源环境熵由0.49减少到0.22，表明资源环境约束下，京津冀地区限制发展行业在本地区的竞争力有所增加，但仍不占有优势，同时在全国同类型行业中的竞争力下降。1998年，京津冀地区限制发展行业包括煤炭开采和洗选业、非金属制品业和电力、热力生产和供应业三类行业。2012年，京津冀地区限制发展行业包括石油行业、化工行业、非金属制造、黑色金属冶炼和压延加工以及电力、热力生产和供应业等五类行业。

总体来看，京津冀地区工业行业逐渐由优先发展向适度发展和限制发展过渡。采掘业、石油行业、化工行业、建材行业等受到资源环境约束最强，在京津冀地区和全国的行业竞争力都不具有优势。纺织行业、烟草行业、食品行业等轻工业以及设备制造业和电子设备制造业等资本和技术密集型产业受到资源环境的一定约束作用，这些行业在京津冀地区的竞争优势明显，但在全国的竞争优势不明显。有色金属压延加工业，铁路、船舶、航空航天和其他运输设备制造业，仪器仪表制造业等位于钢铁行业产业链上游的资本和技术密集型产业受到资源环境约束作用最小，在京津冀地区和全国层面上都具备一定的竞争优势。

三 基于资源环境熵的京津冀地区工业空间布局演变特征

从区域层面上，根据优先发展、适度发展和限制发展类型行业划分，计算京津冀地区各城市行业发展类型产值占区域本类型产业产值的比重，划分各城市工业发展类型的前1/3（不超过5个）行业（见表7-2）。

京津冀地区优先发展和适度发展行业连片式分布，限制发展行业"双核"式分布。1998年，优先发展行业主要集中在京津冀地区中部至中南部的连片地区，包括天津市、北京市、保定市、石家庄市，这四个城市优先发展行业产值占地区的比重达到81.59%。适度发展行业集中京津冀地区中部的北京市、天津市，中南部的石家庄市，南部的邢台市，这四个城市适度发展行业产值占地区的比重达到84.09%。

优先发展行业和适度发展行业空间分布具有一定的相似性，呈现连片式分布。中部和中南部城市两种类型的产业占比都较高；西北部城市优先发展产业不突出，适度发展产业占比较高，天津市优先发展和适度发展行业在京津冀地区的占比都最高。限制发展产业形成了京津唐和冀中南（石家庄市、邢台市和邯郸市）双组团分布，两个组团限制发展行业在区域中的占比分别为48.94%和29.77%，其中北京市限制发展产业占比最高。1998年，沧州和张家口优先发展行业占比低，沧州和承德适度发展行业占比低，沧州和廊坊限制发展产业占比低，这些城市地理位置处于京津冀地区的边缘，工业资源禀赋较差，在当时的基础设施条件和经济发展水平下，工业发展落后。

在空间分布特征上，1998年，三种类型发展行业都向经济发展水平和发展基础好的北京市和天津市聚集。优先发展行业中，北京市以石油、煤炭及其他燃料加工业，非金属矿物制品业，农副食品加工业，专用设备制造业，铁路、船舶、航空航天和其他运输设备制造业等行业为主；天津市以铁路、船舶、航空航天和其他运输设备制造业，金属制品业，纺织业，橡胶和塑料制品业，石油、煤炭及其他燃料加工业等行业为主。适度发展行业中，北京市以计算机、通信和其他电子设备制造业，黑色金属冶炼和压延加工业，化学原料和化学制品制造业等行业为主；天津市以计算机、通信和其他电子设备制造业，黑色金属冶炼和压延加工业，化学原料和化学制品制造业等行业为主。限制发展行业中，北京市和天津市都以电力、热力生产和供应业为主。

2012年，优先发展行业主要集中在京保石和天津市，适度发展行业主要集中在京津唐和京保石，其中北京市、天津市和石家庄市三个城市优先发展和适度发展行业产值占地区的比重分别达到68.87%和81.31%。优先发展行业和适度发展行业空间分布呈现南北向带状分布。限制发展行业以天津市和石家庄市为中心，形成了京津唐和冀中南两个组团式分布，其中石家庄市、天津市和唐山市限制发展行业产值占地区的比重达到72.07%。2012年，衡水市和张家口市优先发展和适度发展行业占比低，衡水市和秦皇岛市限制发展行业占比低。

2012 年，京津冀地区三类行业区域空间分布显示为"京津石"为主的三角结构。优先发展行业中，北京市以仪器仪表制造业为主；天津市和石家庄市以有色金属冶炼和压延加工业为主。适度发展行业中，北京市以电气机械和器材制造业，汽车制造业，计算机、通信和其他电子设备制造业，煤炭开采和洗选业，医药制造业等产业为主；天津市以计算机、通信和其他电子设备制造业，汽车制造业，石油和天然气开采业，煤炭开采和洗选业和金属制品业等产业为主；石家庄市以皮革、毛皮、羽毛及其制品和制鞋业，纺织业，农副食品加工业，医药制造业和金属制品业等产业为主。限制发展行业中，北京市以电力、热力生产和供应业为主，石家庄市和天津市以黑色金属冶炼和压延加工业为主。

表 7-2　　基于工业资源环境熵的京津冀地区各城市前 1/3 行业

城市	优先发展产业		适度发展产业		限制发展产业	
	1998 年 （5/22）	2012 年 （1/3）	1998 年 （3/9）	2012 年 （5/26）	1998 年 （1/3）	2012 年 （1/5）
北京市	C25、C30、 C13、C35、 C37	C40	C39、C31、 C26	C38、C36、 C39、B06、 C27	D44	D44
天津市	C37、C33、 C17、C29、 C25	C32	C39、C31、 C26	C39、C36、 B07、B06、 C33	D44	C31
保定市	C17、C36、 C32、C29、 C30	C32	C26、C38、 C22	C36、C38、 C17、C29、 C22	D44	D44
承德市	C14、C18、 B09、B08、 C30	C32	C31、C26、 C23	B08、C15、 C13、B09、 C14	B06	C31
邯郸市	C17、C30、 B08、C37、 C35	C37	C31、C26、 C22	B06、C13、 C17、C34、 C14	B06	C31
衡水市	C33、C15、 C17、C30、 C29	C32	C26、C38、 C31	C33、C29、 C15、C13、 C19	D44	C26

续表

城市	优先发展产业		适度发展产业		限制发展产业	
	1998 年 （5/22）	2012 年 （1/3）	1998 年 （3/9）	2012 年 （5/26）	1998 年 （1/3）	2012 年 （1/5）
廊坊市	C35、C13、 C30、C33、 C34	C32	C31、C26、 C38	C13、C36、 C33、C34、 C39	D44	C26
石家庄市	C27、C17、 C19、C25、 C30	C32	C26、C31、 C22	C19、C17、 C13、C27、 C33	D44	C31
唐山市	C36、C30、 C17、C37、 C13	C37	C22、C26、 C31	B08、B06、 C33、C35、 C34	B06	C31
沧州市	C40、C34、 C25、C17、 C32	C37	B07、C26、 C31	C33、C35、 B07、C38、 C29	D44	C25
邢台市	C17、C30、 C14、B08、 C13	C37	C31、C38、 C26	C38、C17、 B08、C13、 C14	D44	D44
张家口市	C15、C35、 C27、C30、 C34	C32	C31、C26、 C16	B08、C35、 C14、C16、 B06	D44	C31
秦皇岛市	C37、C13、 C32、C14、 C33	C37	C31、C26、 C28	C13、C14、 C33、C15、 C28	D44	C26

注：行业数量不超过 5 个。

第三节　基于资源环境效率的京津冀地区工业结构与空间布局演变特征

一　基于资源环境效率的京津冀地区工业行业发展类型划分

根据第五章 1998 年和 2012 年工业资源环境效率计算结果，将 35 个工业行业划分为三类（见表 7-3）。（1）高效率行业：工业行业资

源环境效率大于等于 1；（2）中效率行业：工业行业资源环境效率在
0.5—1；（3）低效率行业：工业行业资源环境效率小于 0.5。高效率
行业数量没有变化，都是 7 个行业，高效率行业的产值占京津冀地区
总产值的比例由 23.55% 降低到 18.22%。中效率行业数量由 7 个增加
到 10 个，产值占比由 17.05% 增加到 26.12%。低效率行业数量由 21
个减少到 18 个，产值占比由 59.40% 降低到 55.66%。

表 7-3　　　　　　基于工业资源环境效率的京津冀地区工业行业
发展类型划分

行业类型	约束条件	1998 年	2012 年
高效率行业	$E_i \geqslant 1$	C39、C19、C16、C21、C18、C40、C38	C39、C38、C36、C19、C37、C16、C40
中效率行业	$0.5 < E_i < 1$	C29、C32、C34、C13、C37、C24、C20	C35、B08、B07、C21、C34、C20、C13、C25、C33、C32
低效率行业	$E_i \geqslant 0.5$	D44、B09、D45、B10、B08、C28、C22、C26、B06、C17、C31、C30、C27、C14、C25、C15、B07、C35、C36、C33、C23	D44、C22、C17、B10、D45、C26、C23、C29、C28、C31、C15、C24、C14、C18、C27、B09、B06、C30

二　基于资源环境效率京津冀地区工业结构演变特征

京津冀地区以电气机械、计算机通信以及仪器仪表等为主的机械
制造行业产值比例的下降是京津冀地区高效率行业产值比例下降的主
要原因。1998 年和 2012 年，烟草制品业，皮革、毛皮、羽毛及其制
品和制鞋业，电气机械和器材制造业，计算机、通信和其他电子设备
制造业，仪器仪表制造业 5 个行业在都属于高效率行业，其中前两个
行业产值占京津冀所有行业产值的比例分别增加 0.07% 和 3.41%，后
3 个行业产值占比分别降低 0.04%、9.97% 和 0.71%。纺织服装、服
饰业和家具制造业分别由高效率行业转变为低效率和中效率行业，产
值占比也分别下降了 1.28% 和 0.08%。汽车制造业和铁路、船舶、航
空航天和其他运输设备制造业分别由低效率行业和中效率行业转变为
高效率行业，产值占比分别增加和降低了 2.05% 和 3.73%。

京津冀地区以资源开采及其加工业、食品加工业为主的行业产值占比上升是其中效率行业产值比重上升的重要原因。1998 年和 2012 年，农副食品加工业，木材加工和木、竹、藤、棕、草制品业，有色金属冶炼和压延加工业，通用设备制造业等行业都属于中效率行业，其中前两个行业产值占比分别增长 1.46% 和 0.13%，后两个行业产值占比分别下降 0.31% 和 0.17%。文教、工美、体育和娱乐用品制造业和橡胶和塑料制品业由中效率转变为低效率，前者产值占比增加了 0.04%，后者产值占比下降了 0.42%。石油和天然气开采业、专用设备制造业、黑色金属矿采选业、石油、煤炭及其他燃料加工业、金属制品业等行业由低效率行业转变为中效率行业，其中前两个行业产值占比分别下降 0.69% 和 0.19%，后 3 个行业产值占比分别增加了 1.78%、1.31%、0.47%。

京津冀地区以酒、饮料和精制茶制造业和纺织服装、服饰业为主的行业产值比例下降是其低效率行业产值比重下降的主要原因。1998 年和 2012 年，有色金属矿采选业，非金属矿采选业，食品制造业、酒、饮料和精制茶制造业，纺织业，造纸和纸制品业，印刷和记录媒介复制业，化学原料和化学制品制造业，化学纤维制造业，煤炭开采和洗选业，医药制造业，非金属矿物制品业，黑色金属冶炼和压延加工业，电力、热力生产和供应业，燃气生产和供应业等行业都属于低效率行业，前 9 个行业产值占比都有所下降，后 6 个行业产值比例上升。在低效率行业中，黑色金属冶炼和压延加工业产值占比较高，由 9.65% 上升到 15.12%。

三 基于资源环境效率京津冀地区工业空间布局演变特征

从区域层面上，根据高效率、中效率和低效率行业划分，计算京津冀地区各城市行业类型产值占区域本类型产业产值的比重，划分各城市工业发展类型的前 1/3（不超过 5 个）行业（见表 7-4）。

京津冀地区高效率行业空间分布由以京津为核心转变为以北京市、天津市和石家庄市为核心，低效率行业空间分布由以京津为核心转变为以石家庄市为核心。1998 年，高效率和中效率行业主要集中在北京市和天津市，两类行业产值占京津冀地区该类行业的比重分别为

46. 29%、39. 50%和25. 65%、44. 80%。低效率行业主要集中在北京市、天津市和石家庄市，3个城市高效率行业产值占比分别为28. 66%、27. 97%和12. 21%。从各城市内高中低效率行业产值占比来看，低效率行业的占比都较大，特别是邯郸市、张家口市、唐山市和承德市等资源型城市低效率行业产值占本城市工业产值比例都在80%以上。这些城市中，承德市、邯郸市和张家口市的黑色金属冶炼和压延加工业产值在低效率行业中都是最高的，唐山市煤炭开采和洗选业产值在低效率行业中最高，这都与城市的资源禀赋密切相关。北京市和天津市高效率行业产值占比相对较高，分别为33. 75%和27. 72%。这两个城市的高效率行业都以计算机、通信和其他电子设备制造业，电气机械和器材制造业为主。

2012年，高效率行业主要集中在石家庄市、天津市和北京市，产值占比分别为43. 52%、21. 86%和20. 93%；中效率和低效率行业主要集中在石家庄市和天津市，两类行业产值占比分别为47. 76%、18. 29%和54. 90%、11. 95%。从各城市内高中低效率行业产值占比来看，只有沧州市中效率行业产值占比最高，为50. 98%。沧州市中效率行业前三位行业包括石油、煤炭及其他燃料加工业、金属制品业和专用设备制造业。沧州市内有华北、大港两大油田，具有发展石油、天然气开采，石油化工及配套产业的有利条件。石油化工、装备制造等重工业在其产业发展中占有主导地位。除沧州市以外，其他城市的低效率行业仍然占比最高，大多数城市产值最高的低效率行业都是黑色金属冶炼和压延加工业，只有北京市、保定市和衡水市分别为电力、热力生产和供应业、纺织业化学原料和化学制品制造业。北京市、保定市和天津市高效率行业产值占比较高，分别为37. 51%、34. 03%和25. 83%。北京市和天津市高效率行业以汽车制造业和计算机、通信和其他电子设备制造业为主，保定市高效率行业以汽车制造业和电气机械和器材制造业为主。

表 7-4 　　　　　**基于工业资源环境效率的京津冀地区各城市**
前 1/3 行业

城市	高效率行业		中效率行业		低效率行业	
	1998 年 （2/7）	2012 年 （2/7）	1998 年 （2/7）	2012 年 （3/10）	1998 年 （5/21）	2012 年 （5/18）
北京市	C39、C38	C36、C39	C13、C37	C25、C34、C35	C31、C25、C26、C30、C35	D44、B06、C27、C30、C26
天津市	C39、C38	C39、C36	C37、C29	B07、C25、C33	C31、C26、C33、B07、C17	C31、C26、B06、C14、D44
保定市	C38、C18	C36、C38	C32、C29	C32、C34、C25	C17、C26、C36、C30、C22	C17、D44、C29、C22、C31
承德市	C18、C40	C38、C36	C34、C13	B08、C13、C25	C31、C14、D44、B09、B08	C31、D44、C15、B09、C14
邯郸市	C38、C19	C38、C37	C37、C32	C13、C25、C34	C31、B06、D44、C17、C30	C31、B06、D44、C30、C17
衡水市	C38、C18	C19、C38	C29、C34	C33、C13、C34	C26、C33、C15、D44、C17	C26、C29、D44、C31、C15
廊坊市	C38、C18	C36、C39	C13、C34	C13、C33、C34	C31、C30、C26、C33、C35	C31、C26、D44、C30、C22
石家庄市	C19、C39	C19、C38	C13、C34	C13、C25、C33	C27、C26、C17、D44、C25	C31、C26、C17、C30、C27
唐山市	C18、C38	C37、C38	C37、C13	B08、C33、C25	B06、D44、C30、C22、C26	C31、B06、D44、C30、C26
沧州市	C40、C19	C38、C19	C34、C32	C25、C33、C35	B07、C26、C25、C17、C31	C31、D44、C26、C29、C30
邢台市	C38、C18	C38、C36	C13、C29	C25、B08、C13	C17、C31、D44、B06、C30	C31、D44、C17、C26、C30

续表

城市	高效率行业		中效率行业		低效率行业	
	1998 年 (2/7)	2012 年 (2/7)	1998 年 (2/7)	2012 年 (3/10)	1998 年 (5/21)	2012 年 (5/18)
张家口市	C16、C38	C16、C38	C34、C13	B08、C35、C13	C31、D44、 C26、C15、 C35	C31、D44、 C14、B06、 C26
秦皇岛市	C18、C19	C37、C36	C37、C13	C13、C32、C33	C31、C26、 D44、C14、 C33	C31、C26、 D44、C14、 C15

注：行业数量不超过 5 个。

第四节　资源环境约束下京津冀地区工业结构调整及空间布局优化调控

一　资源环境约束下京津冀地区工业结构优化调整方向

根据 2012 年工业企业计算，综合工业资源环境熵和资源环境效率两个维度的京津冀地区工业类型划分，将 35 个工业行业划分为高效率优先发展行业、中效率优先发展行业、高效率适度发展行业、中效率适度发展行业、低效率适度发展行业、中效率限制发展行业、低效率限制发展行业（见图 7-2）。

（一）高效率优先发展行业——先进装备制造业

该类行业具有"高资源环境效率"和"高资源环境熵"的"双高"特征，其资源环境效率的竞争优势在京津冀地区和全国同类行业都具有竞争优势，自身资源环境效率也较高。包括铁路、船舶、航空航天和其他运输设备制造业、仪器仪表制造业两类。这两类行业产值占京津地区所有行业产值的比重为 1.29%，资源环境效率平均值为 1.59，工业资源环境熵和区域资源环境熵平均值分别为 123.72 和 1.96。从资源环境效率和资源环境熵来看，这些行业发展带来的经济效益大于资源环境损失，并且与全国同行业相比资源环境效率也具有

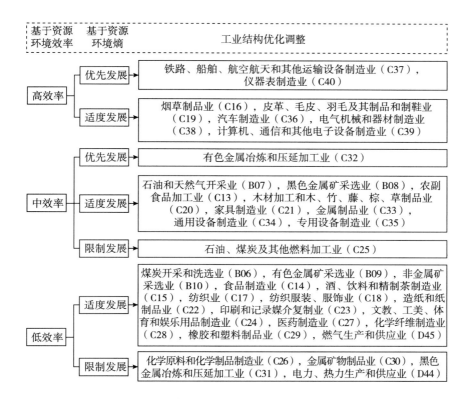

图 7-2　资源环境约束下京津冀地区工业结构转型优化调控方向

竞争优势，应该优先这些产业发展做大做强。

　　铁路、船舶、航空航天和其他运输设备制造业、仪器仪表制造业虽然不是主要的污染企业，但是从绿色制造全生命周期的角度，运输设备及仪器仪表的生产—使用—报废—回收处理等环节，仍然消耗了一定的资源并存在污染的风险。通过调整能源结构，加大工业技术创新，采用先进的工艺装备和环保无污染的原材料，优化配置末端治理技术设备和科研项目，形成从产品设计到使用过程的绿色设计和制造，坚持资源循环再利用，提升经济效益和资源环境效益。

　　（二）中效率优先发展行业——有色金属制品业

　　该类行业特征呈现资源环境熵高，在京津冀地区所有行业及全国同类行业中具有较高的资源环境效率竞争优势，但是其自身资源环境效率有待提高。仅包括有色金属冶炼和压延加工业。其产值占京津地区所有行业产值的比重为 1.10%，资源环境效率为 0.92，行业资源环境熵为 89.12，区域资源环境熵为 10.28。这类行业应减少资源消耗和环境污染导致的效益损失，向"双高"行业转变。

有色金属冶炼和压延加工业是以矿产资源为主的能源、资金、技术密集型产业，上下游产业链长，经济关联程度高，目前存在有色金属对外依存度高、关键技术有待突破等问题，在冶炼过程中产生大量的污染物，对生态环境造成一定影响。京津冀地区有色金属压延也主要以铜、铝、铅锌冶炼等为主，产业主要集中在天津市、保定市、石家庄市、廊坊市、沧州市等。应优先有色金属加工企业资源整合，加大技术研发投入，降低生产成本，提高产业资源利用、选矿、冶炼环节的生产效率；同时，加强行业规模化、集群化发展，增强行业竞争能力，提高废弃物资源化和循环利用，实现产业结构优化，提高有色金属行业的整体发展水平。

（三）高效率适度发展行业——烟草、皮革皮毛、汽车制造、电器机械及电子信息制造业

该类行业自身资源环境效率较高，在京津冀地区的资源环境效率具有竞争优势，但是在全国同类行业中资源环境效率竞争能力较弱。该类行业包括：烟草制品业，皮革、毛皮、羽毛及其制品和制鞋业，汽车制造业，电气机械和器材制造业，计算机、通信和其他电子设备制造业。这类产业产值占比为 16.93%，资源环境效率平均值为 1.12，行业资源环境熵为 20.63，区域资源环境熵为 0.3。这类产业需要在确保资源消耗和污染排放不增加的条件下，适度扩大产业规模，提高行业资源环境效率在全国同类行业中的优势。

烟草制品业的资源消耗主要来源于洗梗及设备清洗、烟（梗）丝处理，产生的环境污染主要包括锅炉烟气、生产废水、烟草粉尘，其资源消耗量和污染物排放量相对较小，对区域资源环境质量影响不大。京津冀地区烟草企业主要包括北京卷烟厂、天津卷烟厂、张家口卷烟厂和河北白沙烟草公司，行业发展以加快物流建设、促进品牌多元化与高端化、提高资源综合利用及协同资源配置方式为主。

皮革、毛皮、羽毛及其制品和制鞋业对资源环境的压力来源于制革、羽绒清洗过程中使用的大量化学原料、消耗大量的水资源，并产生大量的高浓度有机废水和废气。京津冀地区皮革、毛皮、羽毛及其制品和制鞋业的特色产业基地主要分布于辛集市、肃宁县、白沟镇、大营镇等地，形成了制革、皮毛、箱包等特色产业集群，发展过程应促使生产装备落后、工艺技术水平不高、环境污染治理设施不完善的企业退出市场，使资源向优势企业聚集，从而"倒逼"行业加速转型升级。

汽车制造业，电气机械和器材制造业，计算机、通信和其他电子设备制造业这三类行业都属于资本和技术密集型产业，表面并不是高耗能、高污染产业，但实际上很多企业技术设备落后及产业结构不合理，能源消耗比较大，环境污染程度较高。此外，由于这些产业的产业链长而且复杂，各生产环节能源消耗种类和污染物类型差别大，增加了节能减排的难度。这三类产业需要依托京津冀地区京津、京广线、临港等高技术产业带、先进制造业产业带，改变传统产品制造结构，减少耗能材料和设备的应用，提高行业核心技术竞争力，由从"来料加工型"向"设计制造型"转变。

（四）中效率适度发展行业——矿产采选、木材加工及制品、设备制造业

该类行业自身资源环境效率有待提高，在京津冀地区资源环境效率具有竞争优势，但在全国同类行业中资源环境效率竞争优势不大。包括：石油和天然气开采业，黑色金属矿采选业，农副食品加工业，木材加工和木、竹、藤、棕、草制品业，家具制造业，金属制品业，通用设备制造业，专用设备制造业。这类产业产值占比为 19.84%，资源环境效率平均值为 0.64，行业资源环境熵为 7.74，区域资源环境熵为 0.29。这类产业需要控制资源环境消耗总量，促进经济效益，提高资源环境效率。

油田和金属矿山既是资源集中地区又是环境污染源，在开采过程中存在开采效率低的问题，造成严重的资源浪费；金属矿开采中造成的金属污染和矿山酸性废水，石油开采过程中钻井、采油、洗井污水

和光化学烟雾是矿产采选业中环境污染的重要来源。京津冀地区黑色金属矿采选业以铁矿为主，例如北洺河铁矿、庙沟铁矿、马兰庄铁矿、大石河铁矿、营研山铁矿、司家营铁矿、水厂铁矿等，这些铁矿地是首钢、邯钢、宣钢等钢铁厂的主要原料基地。石油开采以大港油田、冀东油田和华北油田为主。产业发展需要注重能源开采业产出规模的调整，做好环境平衡，着重通过技术门槛、投资门槛和规模门槛等，对现有能源开采业生产产能进行整合，提升能源开采业整体的规模效率。

农副食品加工业，木材加工和木、竹、藤、棕、草制品业，家具制造业都属于劳动密集型产业。农副食品加工业制造过程以水资源消耗和废水排放为主，京津冀地区农副食品加工业中淀粉及淀粉制品制造、肉制品及副产品加工、蔬菜加工等行业工业用水及废水排放量高。木材加工和木、竹、藤、棕、草制品业，家具制造业这两类产业具有极高的产业关联性，生产过程以电力和水资源消耗为主，产生污染物包括废水、挥发性有机物和粉尘，其中挥发性有机物是臭氧污染的"原材料"。京津冀地区刨花板制造、纤维板制造、木质、金属和塑料家具制造资源环境压力大，其中不乏大品牌企业。京津冀地区农副食品加工、木材加工和家具制造行业总体规模小、实力弱和龙头企业少的特点，使得其资源环境治理难度较大，未来发展应依据全产业链布局和组团式开发的模式，促进行业集聚发展，形成产业集群地，促进产业资源集约利用和污染物集中治理。

金属制品业、通用设备制造业、专用设备制造业三类产业关联程度高，属于高能耗、重污染、生产效率低的深加工行业，其火电发电设备供电煤耗等资源问题和污水排放、粉尘、SO_2 等污染问题高于国际先进水平。京津冀地区金属制品业资源环境压力大的子行业集中在金属表面处理及热处理加工和金属结构制造，通用设备制造集中在金属切割及焊接设备制造、锅炉及辅助设备制造，专用设备制造集中在矿山机械制造、石油钻采专用设备制造。未来发展应在保证产品功能、质量和成本前提下，综合考虑环境影响和资源效率，加快相关技术在材料与产品开发设计、加工制造、销售服务及回收利用等产品全生命周期中的应用。同时，从产业链发展角度，促进产业空间集聚性、关联性和网络化发展。

（五）低效率适度发展行业——矿产采选、食品制造、纺织服装、造纸业、医药制造及化工行业

该类行业资源环境效率亟须提高，在京津冀地区资源环境效率具有竞争优势，在全国同类行业中资源环境效率处于劣势。包括煤炭开采和洗选业，有色金属矿采选业，非金属矿采选业，食品制造业，酒、饮料和精制茶制造业，纺织业、纺织服装、服饰业，造纸和纸制品业，印刷和记录媒介复制业，文教、工美、体育和娱乐用品制造业，医药制造业，化学纤维制造业，橡胶和塑料制品业，燃气生产和供应业。这类产业产值占比为 22.06%，资源环境效率平均值为 0.36，行业资源环境熵为 3.98，区域资源环境熵为 0.27。这类产业需要加快降低资源消耗和环境污染总量，控制产业规模，提高资源环境效率。对于资源禀赋条件差，不符合产业转型方向的产业，做好产业退出的准备。

煤炭开采和洗选业、非金属矿采选业、有色金属矿采选业都是以矿产资源开发利用为主的传统产业，矿产资源采选业具有能耗高水耗大且污染排放量大、环境污染严重的特点。燃气生产和供应业与这些有较高的产业关联性。京津冀地区煤炭储量和非金属矿产资源较丰富，有色金属品种和资源量较少。京津冀地区矿产资源主要分布于河北省，其中煤炭生产端主要集中在河北省的冀中基地，包括峰峰、邯郸、邢台、井陉、开滦、蔚县、宣化下花园、张家口北部、平原大型煤田，主要的煤炭企业有中煤集团、冀中能源与开滦集团。非金属矿资源储量优势明显，特色产业群主要包括开平、井陉、峰峰盆地，灵寿—行唐，徐水—易县等水泥、玻璃、石材的开发基地等。有色金属开采主要分布于冀北、保定涞源、易县。由于矿产资源的不可再生性，京津冀地区已经面临资源枯竭，目前，已经属于矿产资源的净进口地区。考虑资源环境约束、资源禀赋以及区位条件，未来发展应提高行业准入门槛，做好资源枯竭、灾害严重矿山退出，压缩矿产开采规模，优先引导企业关小上大，减少重复投资和资源浪费，加快推进

绿色矿山建设。依托传统工业基础，加大技术投入，拓展循环经济产业链条，构建资源生产、电力、机械、建材、化工、轻工、现代服务等多种产业为辅的产业体系，努力使排放下降、成本下降，进而提升产业绿色发展竞争力。

食品制造业，酒、饮料和精制茶制造业，纺织业，纺织服装、服饰业都属于满足人们基本需求的生活性基础性产业和民生产业。这些产业发展过程存在以"高能耗、高排放、高污染"为代价提升企业规模和经营收入的问题。以食品、酒、饮料和茶制造为代表的食品产业的高水耗贯穿在整个加工过程，相应地产生大量的废水，高能耗表现在加工过程的保鲜、包装及存储过程。纺织服装业的能耗和污染主要表现在染整环节，包括锅炉车间燃煤产生的烟尘、SO_2，定型工艺产生的废气，印染工序消耗水资源和使用染料促使废水和温室气体排放等。目前京津冀地区沿京九线形成了特色轻纺产业带，食品产业和纺织行业已经形成不少知名品牌和企业，但食品产业和纺织产业发展更多地表现在总量的不断增加，较少依靠技术效率的进步促进发展质量的提升，"以群代链"现象普遍存在，集聚区内部产业链接尚未形成，不利于企业生产成本降低和资源集约与循环利用。未来发展应优化企业组织结构，加强技术研究和成果转化，加快淘汰落后产能，整合企业的各生产要素的投入，提高生产要素的配置效率。

造纸和纸制品业，印刷和记录媒介复制业同属一个产业链条，造纸和纸制品业使用原料、生产工艺种类多，蒸煮—洗筛—漂白过程中消耗大量的水资源，废水中 COD 含量高，能源消耗主要是煤炭，产生大量的烟（粉）尘和 SO_2。印刷业板材生产过程产生的废水中含有大量的重金属，油墨等化学品含有多种污染物，印刷设备使用过程也会消耗大量的电能和热能。京津冀地区造纸和纸制品业主要集聚区为以"华北纸都"著称的保定市满城区，印刷和记录媒介复制业主要形成了廊坊—三河、保定—雄县、唐山—迁安等印刷包装产业园区。未来发展中资源、环境的约束是长期的挑战，需要行业在资源、环境、结构三个方面实现新的突破，注重技术和科技创新引领，促进造纸业和印刷业形成产业配套、"链条咬合"的良好互动模式。

文教、工美、体育和娱乐用品制造业制作工艺种类多，京津冀地区多以乐器制造和工艺美术品制造为主，制作过程产生的资源环境压力包括原材料消耗，油漆涂料以及材料切割产生的粉尘。京津冀地区产业集群主要分布在曲阳县、藁城区、易县、武强县、肃宁县。产业发展多是以外来技术进行简单组织生产的传统发展模式。未来发展需要提高产品减量化、循环利用的绿色设计水平，积极开展专用环保材料的研发应用，进一步提升资源利用效率。

化学纤维制造业、橡胶和塑料制品业大都以石油或天然气等为原料，产业发展受到石油资源的严重制约，影响到产业的可持续发展。京津冀地区化纤行业主要分布在河北省，形成了河北吉藁化纤、保定天鹅化纤、唐山三友化纤等龙头企业；塑胶行业主要分布在天津市和河北省，例如"全国橡塑管业基地"景县、"汽车橡塑小镇"中塘镇。行业未来发展应推动传统橡塑产业和化纤产业向高端化、绿色化和智能化迈进，加快生物质资源、可循环再生资源等原材料研发利用，减少对石油等化石能源的依赖，降低对资源环境的消耗。

医药制造业生产工艺复杂，使用原料辅料品种多，资源浪费严重，引起"三废"、噪声等多种环境污染，造成的水污染、大气污染、土壤污染等问题还具有长期性，治污手段大多为末端治理，效率低而且成本高。京津冀地区医药制造业以化学药品原料药和制剂药为主，化学原料药附加值低，其能源消耗和原料消耗高，合成路线长，环境污染严重。目前，京津冀地区医药制造生产企业主要集中在天津市和河北省，分布于沧州市、北辰区、静海区、武清区、安国市、固安县、迁安市等地，形成生物医药园区、生命科学园区等产业发展基地。综合考虑环境影响和资源效益，医药制造业产业结构应以清洁生产为重点，发展资源利用充分、高技术高附加值的行业，例如生物制药、医药健康产业等。

（六）中效率限制发展行业——石油、煤炭加工业

该类行业资源环境效率有待提高，资源环境效率在京津冀地区所有行业以及全国同类行业都不具有竞争优势，仅包括石油、煤炭及其他燃料加工业。这类产业产值占比为 5.18%，资源环境效率为 0.80，

行业资源环境熵为 0.84，区域资源环境熵为 0.41。这类产业应根据地区实际经济社会发展需求，控制产业规模，减少资源投入和环境污染，对不符合产业结构优化的产业择机退出。

石油、煤炭及其他燃料加工业是煤炭、石油的提炼过程，煤化工的炼焦过程中，焦炉加热、出焦、煤制焦、煤气净化及焦化产品回收等过程产生大量的 SO_2、氮氧化物和二氧化碳、焦化废水等污染物。炼焦过程也会产生煤尘、焦油渣、酸焦油、黑萘、焦化水处理剩余污泥等固体废弃物。石油炼化过程主要是催化重整中的硫化氢，各个装置中的有机挥发物泄漏，炼油废水和乙烯废水。京津冀地区石油、煤炭及其他燃料加工业以炼焦、原油加工及石油制品制造为主，其中炼焦主要在邯郸磁县、峰峰矿区、武安市，石家庄井陉矿区，唐山市，邢台市内丘县和邢台县；原油加工及石油制品制造主要在沧州南大港产业园区、黄骅港、渤海新区，天津市滨海新区等。京津冀地区煤炭加工业发展方向应以减量替代和控制污染为目标，同时立足深厚的产业基础促进产业升级。石油加工及制造业发展，需要保留京津冀石油和化工产业优势，链接石化产业上下游，推行绿色、循环和低碳发展模式，实现园区化、规模化和一体化发展。

（七）低效率限制发展行业——化学加工、非金属、金属制品和电力热力生产供应业

该类行业资源环境效率亟须提高，资源环境效率在京津冀地区所有行业以及全国同类行业中都不具备竞争优势。包括：化学原料和化学制品制造业、非金属矿物制品业、黑色金属冶炼和压延加工业、电力、热力生产和供应业。这类产业产值占比为 33.60%，资源环境效率平均值为 0.32，行业资源环境熵为 0.54，区域资源环境熵为 0.17。这类产业需要严格控制产业规模，促进产业精细化、专业化调整，加强能耗管控和污染排放。

化学原料和化学制品制造业、非金属矿物制品业、黑色金属冶炼和压延加工业、电力、热力生产和供应业都是以煤炭、水、电等为主要能源消耗，产生大量的废水、废气与固体废弃物。黑色金属冶炼在烧结、铁合金、炼铁、炼钢过程中排放大量烟（粉）尘，水与高炉煤

气、转炉烟气、钢锭、钢材等直接接触产生大量浊废水。电力、热力的生产和供应业是主要的 SO_2 排放源。非金属矿物制品业中的熟石膏行业是一氧化碳的主要排放源；水泥行业是氮氧化物、SO_2、NO_x、细颗粒物、可吸入颗粒物的主要排放源。化学原料和化学制品制造业产生生化需氧量、化学需氧量、有硫的氧化物等多类型污染物。工业废渣对土壤、水域等产生的污染恢复难度大。京津冀地区化工产业、玻璃制造、水泥制造、石灰和石膏制造、炼铁、炼钢、钢压延加工、火力发电、热力生产和供应等产业发达。随着资源环境约束不断加大，要素成本不断上升，产业可持续发展能力和集聚集约发展水平有待进一步提高。需要把绿色低碳作为推动工业持续发展的重要方向，压减退出钢铁、煤炭、平板玻璃、水泥、焦炭、火电产能，创新产品设计、制造技术及生产方式，加大资源整合力度，推进工业节能减排和循环经济发展。

二　资源环境约束下京津冀地区工业空间布局优化路径

根据 2012 年京津冀地区各市优先发展和适度发展两类产业产值总和占京津冀地区同类型行业产值比重的均值，依据均值的 1.25 倍和 0.75 倍[①]，将京津冀地区划分为优先发展、适度发展、限制发展三种区域类型。按照第六章京津冀地区各城市资源环境效率的计算，将京津冀地区划分为高效率区域、中效率区域、低效率区域。综合以上划分，将京津冀地区划分为高效率优先发展区域，高效率限制发展区域，中效率适度发展区域，中效率限制发展区域，低效率适度发展区域，低效率限制发展区域 6 种类型（见图 7-3）。

（一）高效率优先发展区域——以京津为主的核心发展区域

该类型区域包括北京市、天津市 2 个直辖市，2012 年人口为3482.45 万人，面积为 28171 平方千米，工业总产值为 39023.7 亿元，分别占京津冀地区的 32.83%、12.94%、47.54%；优先适度行业、高效率行业占京津冀地区相应行业的比重分别为 53.94% 和 56.93%；

　　① 朱传耿等：《基于低碳经济的徐州都市圈工业结构转型与布局优化》，《经济地理》2017 年第 10 期。

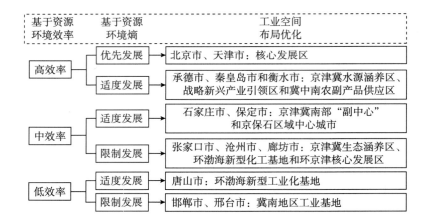

图7-3 资源环境约束下京津冀地区工业布局优化路径

工业用水量、工业能源消耗量、工业废水排放量、工业 SO_2 排放量、工业烟（粉）尘排放量分别占京津冀地区的 45.13%、21.75%、15.24%、24.54% 和 14.78%。这一类型区域工业化程度高，表现出资源环境压力大，资源环境效率高的双重特征，资源环境效率高并在本区域具有资源环境竞争优势的行业集中在这一类型区域聚集。今后发展需要增强高效率行业在全国范围内的绿色发展竞争能力，限制低效率行业发展；在资源利用和环境污染治理方面，调整能源利用结构，实施要素资源减量，推进工业技术改造，减少环境污染；在工业技术创新方面，以北京市和天津市为中心的京津冀地区核心圈技术创新决定了其产业发展方向和绿色发展水平，依托众多科研机构和高等院校，形成工业技术集聚中心，为京津冀地区发展方向提供决策，保障京津冀地区工业高质量发展。

围绕城市功能定位，北京市工业发展产业结构不断优化升级，从化工、冶金等传统产业为主的工业结构转向以汽车、电子等符合首都发展方向的现代工业结构。工业布局上，北京市经历了由中心城区向环城高新技术产业带、再向城市发展新区逐步转移的变迁。2015年非首都功能疏解以来，房山区、顺义区、昌平区、大兴区、亦庄等地区，中关村国家自主创新示范区、北京经济技术开发区等产业园区是承接北京市中心城区功能疏解、"高精尖"产业发展的主要承接地。展望北京市工业未来发展，需要继续推进一般性制造业"瘦身"，开展智能化制造"健体"，打造"北京总部外埠生产制造基地"的工业发展格局；利用科技优势，加强创新能力建设，并优先技术创新流向资源环境领域，加快"北京制造"向"北京创造"转变步伐；以此推动工业发展质量变革、效率变革和动力变革，支撑京津冀地区经济社会生态高质量发展。"瘦身"方面，针对煤炭、石油、非金属开采及制品业、化工、造纸等高能耗高污染产业，未来发展应为限制发展或者不发展，保持经济社会效益与资源环境减量齐头并进。"健体"方面，针对电子信息、航空航天、新能源新材料、生物药业等高新技术产业和高端制造业，应以创新主导、要素集约、业态高端等方向为主，加快产业转型升级。

天津市的工业基础具有历史积淀深厚、产业体系完备、区位优势突出的特点，"十二五"时期，已经形成了以滨海新区现代制造为主、中心城区高端都市工业和区县特色工业相互补充共同发展的产业空间发展格局。截至2014年，天津市已经形成天津、东丽、西青、北辰、武清、天津子牙等多个以制造业为主的国家级经济技术开发区。天津市工业总量大，但制造业升级慢，工业集聚区存在围城问题，高质量和高科技工业发展仍逊色于北京市。根据京津冀协同发展国家战略中全国先进制造研发基地的定位，天津市工业发展方向应以先进装备制造业、信息技术、航空航天、生物技术、新能源等战略性新兴产业为主，改造提升石化、冶金、轻工纺织等传统优势产业；依托京津发展轴构建京津高新技术产业发展带，利用港口、岸线资源优势打造滨海新区海洋产业发展带；深化与北京科技创新合作，加快建设未来科技城、滨海中关村科技园、京津中关科技城，打造京津国家级创新主轴。加快能源结构低碳化、清洁化进程，最大限度减少经济发展对资源环境的胁迫影响。

（二）高效率限制发展区域——以承德市、秦皇岛市和衡水市为主的京津冀水源涵养区、战略性新兴产业引领区和冀中南农副产品供应区

该类型区域包括承德市、衡水市、秦皇岛市3个城市，2012年人

口为 1122.71 万人，面积为 56187 平方千米，工业总产值为 4575.16 亿元，分别占京津冀地区的 10.59%、25.81% 和 5.57%；优先适度行业、高效率行业占京津冀地区相应行业的比重分别为 5.16% 和 5.13%；工业用水量、工业能源消耗量、工业废水排放量、工业 SO_2 排放量、工业烟粉尘排放量分别占京津冀地区的 5.23%、8.97%、4.30%、9.18%、9.53%。这一类型区域工业经济体量小，资源环境消耗总量少；虽然资源环境压力和资源效率较高，但是资源环境效率高的行业在本地区和全国都不具有竞争优势。未来发展需要结合城市发展功能定位，优化工业结构，改造提升传统产业，培养具有竞争潜力的制造业，加强科技转化能力，促进工业绿色发展。

承德市拥有丰富的钒钛磁铁矿资源，在京津冀地区和全国均占有重要地位，属于成熟型资源型城市，其下辖的鹰手营子矿区属于资源枯竭城市。承德市是京津唐地区生活用水的重要供水源地，不具有工业用水功能。目前，围绕冶金矿山、建筑材料、食品医药、电力工业等主导产业，承德市形成了国家级高新技术产业开发区、国家级绿色矿业示范区、国家级千亿元绿色钒钛产业基地等优势产业集聚区。但承德市经济总量小，工业化程度低，企业规模小，对经济拉动作用不强。工业发展存在对传统工业的依赖性强，战略性新兴产业带动能力不强等问题。承德市未来工业发展，需要立足京津冀地区水源涵养功能区和生态涵养区的定位，依托资源和区位优势，对低效污染的传统产业予以淘汰关闭，构建以钒钛新材料、大数据、医疗康养、清洁能源、节能环保、绿色食品及生物医药等为主导的绿色工业体系；积极对接京津两地科技研发，引进转化经济科技成果，提高产业资源环境转化经济效益；空间上形成承德高新区以高端产业为主的核心区和双滦、营子主导产业重点支撑区。

衡水市农业资源丰富但矿产资源贫乏，经济基础较差，目前，衡水市主要以加工型为主导的区域特色产业。截至 2011 年，拥有了冀州、安平、景县 3 个省级高新技术产业开发区和枣强、武邑、武强、饶阳、故城、阜城、深州 7 个省级经济开发区，主要特色产业集群包括安平丝网、桃城工程橡胶、枣强玻璃钢、景县铁塔钢构等。目前，衡水市产业领域广但缺乏优势带动产业，企业实力逐步增强但"低小散"现象依然存在，产业链条短且自主研发能力弱等问题突出，能源消费结构中煤炭消费比重过大，能源需求刚性增长快的特征明显。根据衡水市是冀中南安全食品和优质农产品生产加工配送基地，重点承担农副产品供给、科技成果产业化和高新技术产业发展功能。未来发展，衡水市需延伸产业链，推行与资源环境相统一的生产方式。支持绿色食品加工、生物制品制造、纺织服装制造、功能材料、装备制造等优势行业向高端、智能、绿色转型升级。形成以工业新区、滨湖新区和省级工业聚集区为核心，以京九—大广双复合和石衡沧为发展轴的工业发展格局。

秦皇岛市以煤炭、石油等能源输出为主，是中国重要的港口城市，新兴工业城市。秦皇岛市工业发展形成了粮油食品、机械制造、玻璃建材、金属压延和电子信息为四大支柱产业。截至 2016 年，设立了秦皇岛经济技术开发区、河北秦皇岛出口加工区和北戴河生命健康产业创新示范区 3 个国家级开发区或国家级生命健康产业创新示范区。秦皇岛工业发展问题在于产业基础薄弱，配套能力低，未能将比较优势转化为竞争优势。围绕京津冀协同发展战略中秦皇岛市战略性新兴产业引领区的定位和京唐秦发展轴的空间规划。未来工业发展，需要推动金属冶炼及压延、玻璃建材等传统产业高端化发展，提高工艺装备和节能环保水平，提高行业可持续发展能力；推动粮油加工、装备制造、电子信息优势产业品牌化发展，形成配套产业和领军企业一体化发展。

（三）中效率适度发展区域——以石家庄和保定为主的京津冀南部"副中心"和京保石区域中心城市

该类型区域包括石家庄市、保定市 2 市，2012 年人口为 2101.2 万人，面积为 38033 平方千米，工业总产值为 11776.52 亿元，分别占京津冀地区的 19.81%、17.47% 和 14.35%；优先适度行业、高效率行业占京津冀地区相应行业的比重分别为 16.87% 和 14.25%；工业用水量、工业能源消耗量、工业废水排放量、工业 SO_2 排放量、工业烟（粉）尘排放量分别占京津冀地区的 16.42%、22.68%、37.91%、23.97%、34.80%。这一类型区域工业产值占京津冀地区的比重低于高效率优先发展区域，但在资源消耗和环境污染排放量上却高于高效率优先发展区域。高效率行业和优先适度行业不够发达，资源环境效率低。未来发展需要优化产业结构，限制高耗能高污染重点行业发展，加快高资源环境效率行业发展，提高其资源环境效率的区域竞争优势。

石家庄市是因修建铁路而迅速发展的新兴城市，工业发展由"重重轻轻"逐渐向轻重协调发展，工业能源消费结构由以煤炭为主向以热电为主转变，初步形成了以生物医药、装备制造、电子信息、循环化工、纺织服装为主导的工业发展体系。截至 2011 年，设有石家庄高新技术产业开发区、石家庄综合保税区两个国家级开发区和 17 个省级开发区，产业集聚初见成效。但石家庄市主导产业以资源和劳动力密集型产业为主的形势改观不大，生物医药、电子信息和高端装备产业制造仍处于发展阶段，产业结构偏化工、能源结构偏煤的问题依然存在，这使得石家庄市的污染治理更为复杂，工业增长的资源环境代价过大。结合京津冀协同发展，石家庄市是京保石拓展轴区域性中心城市和京津冀地区南部的"副中心"的定位。未来工业结构调整，需要加速以钢铁、焦化、水泥、建材等传统工业退出；加快传统装备制造、石化产业、食品加工等向高端化、智能化、低碳化转型；扩大生物医药、电子信息、新材料、新能源等战略性新兴产业发展规模，建设高水平循环经济工业园区，提升产业支撑力和竞争力。

保定市工业发展由以轻工业为主向重工业为主转变，提出了"一主三次""工业西进""对接京津"等发展战略，初步形成了以汽车、建材、食品、纺织和信息制造等为主导的工业发展体系，设有保定高新技术产业开发区 1 个国家级开发区和 16 个省级开发区。但保定市工业化带动作用不强，保定市战略性新兴产业规模偏小、支撑力不足，各方面与京津两地差距拉大，工业发展带来的环境污染问题突出。保定市在地理位置上是京津冀地区南部城市污染物向北部扩散的天然分隔带。结合京津冀协同发展中，保定市是京津冀中部核心功能区和京保石发展轴上的区域性中心城市的功能。未来工业发展方向为，围绕逐步退出高污染、高能耗、高水耗的基础性制造业，优化纺织服装、食品加工、建材等传统产业向新型纤维、绿色食品、新型建材等高附加值产业转型，做大做强汽车、新能源、高端装备制造等先进装备制造，培育壮大信息技术、新材料、生物医药及高性能医疗器械、节能环保等战略性新兴产业；形成保北环首都前沿区，环白洋淀生态经济区，保南特色产业示范区，沿太行山西部绿色隆起带，沿京广铁路中部高端隆起带等分工明确的产业集聚区。

（四）中效率限制发展区域——以张家口、沧州、廊坊为主的京津冀生态涵养区、环渤海新型化工基地和环京津核心发展区

该类型区域包含张家口市、沧州市、廊坊市 3 个城市，2012 年人口为 1621.38 万人，面积为 57355 平方千米，工业总产值为 8874.67 亿元，分别占京津冀地区的 15.29%、26.345% 和 10.81%；优先适度行业、高效率行业占京津冀地区相应行业的比重分别为 9.65% 和 10.72%；工业用水量、工业能源消耗量、工业废水排放量、工业 SO_2 排放量、工业烟（粉）尘排放量分别占京津冀地区的 3.03%、14.56%、20.66%、13.51%、15.62%。这一类型区域工业用水量占比少，但废水排放量占比大，用水效率不高，工业资源环境效率也较低，资源环境竞争优势差，未来发展需要控制甚至取缔高耗能高污染行业发展，提高高效率行业发展层次，加强清洁生产工艺推广，从源头上提高资源利用效率减少污染产生量，结合污染治理技术，提高污染处理率，降低排放总量。

张家口市煤炭资源、风能、太阳能储量丰富，水资源严重不足。在能源资源优势下，形成了以钢铁、采矿等重工业为主的工业产业结构，初步建成了以装备制造、钢铁、石化、食品、医药、建材、纺织服装等产业为主导的门类比较完善的工业体系。截至 2012 年，设有张家口经济开发区、张家口高新技术产业开发区等 11 个省级开发区。但张家口市工业生产效率低，轻工业产品长期匮乏，经济短缺现象严重。京津冀协同发展中，生态主体功能的定位倒逼张家口市加快工业转型升级，优化产业结构。未来发展，传统煤炭、非金属等矿山企业基本退出，实现"无矿市"，以技术改造升级为途径，推动装备制造、食品加工业向中高端、深加工发展；以培育新型产业为指导，加快大数据、新能源、电子信息、生物医药、节能环保等高新技术产业规模化发展。依据张家口市地理位置、资源禀赋，优化产业空间布局，沿京张高速打造装备制造、再生能源、特色食品等优势产业集群和生态

园区，推动工业清洁化、循环化发展。围绕京津冀经济发展需求，以张北云计算中心为支撑，推动张家口由"输煤""输电"向"输信息"转变，为产业结构升级提质增效。

沧州市石油、天然气、资源海洋资源丰富，工业发展速度快，行业特色明显，但淡水资源缺乏，阻碍沿海工业发展。目前，沧州市石油化工、管道装备、机械制造、食品加工和纺织服装等行业发展较快。随着铁路、港口等基础设施不断完善以及优越的资源条件及地理位置，沧州市在京津冀乃至环渤海地区的发展潜力不断挖掘。但是沧州市石化产业链比较短，使其对资源依赖度较高，且环境污染严重。未来工业发展，需要提升石油化工、管道装备、机械制造、纺织服装、食品加工等传统产业，促进产业链条化、集聚化和链条化发展；培育汽车制造、生物医药、清洁能源、航空航天装备制造、激光研发、海洋产业等成长性新兴产业规模化、集群化发展。围绕"渤海新区新型工业化基地、沧州现代产业基地、任丘石化产业基地"建设，深入推进港口建设和腹地拓展同步推进。加快黄骅港综合性港口和现代化港口的建设步伐，共建临港工业园区，拓展黄骅港与长三角、珠三角重要港口的合作。发挥中心城区引领作用，重点开展技术研发和下游精深加工；内陆县域加强与渤海新区、中心城区对接，深入融入产业链分工。

廊坊市是京津冀地区行政变化最多的城市，同时矿产资源少，工业体量小，重化工业基础薄弱，这也使廊坊市受到转型期间传统产业结构的束缚小，形成了特有的产业发展基础。廊坊市工业体系的主导产业以电子信息制造业、金属冶炼及压延业、木材加工及家具制造业、食品加工业、装备制造业等为主。截至 2018 年，廊坊市设有廊坊经济技术开发区、燕郊高新技术产业开发区、廊坊综合保税区 3 个国家级开发区和河北大厂高新技术产业开发区等 9 个省级开发区。廊坊市被京津两地包围，是环京津核心功能区，特殊的区位优势使得廊坊市迎来战略机遇期，但也需要承担更艰巨的资源环境保护责任。资源约束趋紧、环境容量不足、周边竞争激烈的现实挑战下，廊坊市未来工业发展需要构建中部科创与临空发展区、北部文创与高端服务发展区、南部先进制造业发展区三大产业集群区的空间格局。打造以高端数控机床、卫星导航、基因工程药物、碳纤维等为主的高端装备制造、电子信息、生物医药、新材料产业集群。推动位置相邻、产业雷同的园区进行整合，推动县域园区由多向强转变。

（五）低效率适度发展区域——以唐山为主的环渤海新型工业化基地

该类型区域为唐山市，2012 年人口为 741.78 万人，面积为13472 平方千米，工业总产值为 9962.84 亿元，分别占京津冀地区的6.99%、6.19% 和 12.14%；优先适度行业、高效率行业占京津冀地区相应行业的比重分别为 7.77% 和 8.18%；工业用水量、工业能源消耗量、工业废水排放量、工业 SO_2 排放量、工业烟（粉）尘排放量分别占京津冀地区的 21.99%、18.95%、7.31%、14.24%、11.85%。这一类型区域工业经济总体占比高，但是优先和适度产业不发达，工业发展对高污染高耗能产业依赖明显。针对资源环境效率低，高耗能、高排放、高产出产业发展的现状，应推进工业清洁生产，延伸产业链条，实现资源利用效益的最大化；同时依托良好的产业基础，打造高端制造业和战略性新兴产业。

唐山市以煤而建，以钢而兴，依托丰富的资源能源、区位优势和港口优势，工业发展规模不断扩大，成为国家重要的能源、原材料基地，形成了以钢铁、装备制造、化工、建材和基础能源等产业为主导的工业体系。截至 2013 年，设立了唐山曹妃甸经济技术开发区、唐山高新技术产业开发区、曹妃甸综合保税区 3 个国家级开发区和河北唐山开平高新技术产业开发区等 13 个省级开发区。工业经济高速发展和巨大体量背后，唐山市倚重重化工业特征明显，发展方式粗放，付出了巨大的资源环境代价。结合京津冀协同发展，唐山市是京唐秦发展轴上的区域中心城市，是环渤海新型工业化基地和重要港口城市。未来工业发展，唐山市需要聚焦高端化、集群化、基地化和绿色化，加快传统产业向精品钢铁、新型绿色建材、现代化工等方向转变。以京冀曹妃甸和津冀（芦汉）协同发展示范区为龙头，以曹妃甸石化产业基地、京唐智慧港、玉田老字号产业园、滦南大健康产业园、迁安生物医药和健康应急产业园等一批特色"微中心"为战场，吸引京津项目"组团式"进驻，打造京津产业转移的重要承载地。

（六）低效率限制发展区域——以邯郸、邢台为主的冀南地区工业基地

该类型区域包含邯郸、邢台2个城市，2012年人口为1536.68万人，面积为24498平方千米，工业总产值为7879.28亿元，分别占京津冀地区的14.49%、11.25%和9.60%；优先适度行业、高效率行业占京津冀地区相应行业的比重分别为6.61%和4.79%；工业用水量、工业能源消耗量、工业废水排放量、工业SO_2排放量、工业烟（粉）尘排放量分别占京津冀地区的8.20%、13.09%、14.58%、14.56%、13.42%。这一类型区域工业产值占比略高于高效率限制发展区域，有限适度发展行业和高效率发展行业发展滞后，能源投入相对低，但是污染排放高，尤其是水污染问题严重。这类区域经济发展、技术水平落后，资源得不到充分利用，未来发展需要加大资源劳动密集型产业的改造力度，促进工业发展向高级化转型升级；加强发达地区科技成果转化，提高传统产业资源循环利用水平和治污能力。

邢台市和邯郸市同属于资源型城市，是冀南地区的工业基地，两地城区相近，具有很强的地域一致性。两市工业发展都以钢铁、煤炭、建材产业为重点，产业相似但关联性不强，缺乏互补性。以重工业为主的工业结构以及工业的快速发展是两地资源环境问题的根源，同时两地工业同质化竞争性也在一定程度上加剧了这些问题的爆发。环境污染与资源枯竭的双重压力倒逼两地工业转型。

2012年，邯郸市主导工业基本是钢铁、煤炭、电力、建材等传统工业行业。截至2014年，设有邯郸经济技术开发区1个国家级经济开发区和河北邯郸马头经济开发区等17个省级经济开发区。工业未来发展，传统工业亟须向精品钢材、装备制造、绿色食品等转变；积极引进科技含量高、资源消耗低的大企业和优质企业参与培育新材料、新能源、生物健康等战略性新兴产业和电子信息、安防应急等未来产业。空间布局上，促进钢铁工业退城近郊，以邯郸经济技术开发区和冀南新区为战略性新兴产业的核心，发挥现有工业园区产业优势，推进工业产业错位发展，协调互动。

邢台市经济发展具有"弱市强县""小马拉大车"的特征，传统

工业呈现能源资源依赖和产品初加工、粗加工特点，形成了以钢铁、玻璃加工、纺织服装、食品加工等为主导的工业体系，截至 2011 年，设有河北邢台经济开发区等 17 个省级开发区。未来工业发展，加快淘汰落后产能，化解过剩产能，促进钢铁、化工、电力、医药等企业迁出城区，推进传统产业向精细化工、玻璃深加工、现代农副食品加工转型。大力培育发展先进装备制造、汽车及新能源汽车、新能源新材料、再生资源利用等新兴产业，支持威县通航产业园，宁晋、邢台市开发区光伏产业基地，中航工业战略金属再生利用产业基地等产业集聚区高效率、低排放、绿色化建设。

三　"十三五"以来京津冀地区工业结构和空间布局发展

以 2015 年和 2018 年京津冀地区工业行业和城市工业总产值数据为基础，追踪 2012 年以来京津冀地区工业结构和空间布局发展。对比两个年度，京津冀地区 35 个行业工业总产值由 90750 亿元下降至 76210.64 亿元（见表 7-5）。根据资源环境约束下京津冀地区工业结构优化调整方向，与 2015 年相比，2018 年高效率优先发展行业和中效率优先发展行业占工业总产值比重下降，由 4.47% 下降至 3.61%，低效率限制发展行业和中效率限制发展行业占工业总产值比重增加，由 36.83% 增加至 44.41%。对比 2015 年和 2018 年工业行业产值占总产值的比重，在优先发展行业中，仪器仪表制造业产值占比提高，在适度发展行业中汽车制造业，计算机、通信和其他电子设备制造业，医药制造业，化学纤维制造业，酒、饮料和精制茶制造业和烟草制品业等行业产值占比提高，这些行业大多具有高技术性、高行业集中度，是国民经济中高技术产业或者重要的民生产业。在适度发展行业中石油、非金属等矿产采选，石油加工、炼焦和核燃料加工业，燃气生产和供应业等行业产值占比提高，在限制发展行业中，黑色金属冶炼和压延加工业，电力、热力生产和供应业等行业产值占比提高。这些行业具有较高的产业关联性，石油加工、金属冶炼以及电力热力供应业等都是京津冀地区经济发展中重要的支柱产业，区域内产业规模大，对地区经济发展和能源供应安全具有较强的支撑作用，虽然这些产业发展过程中面临较大的资源环境压力，但长期以来仍保持较快速度的发展，并在工业经济中占有较大比重。

表 7-5　　　　2015 年和 2018 年京津冀地区工业行业总产值对比

行业代码	工业结构调控方向	工业总产值（亿元）			行业代码	工业结构调控方向	工业总产值（亿元）		
		2015 年	2018 年	差值			2015 年	2018 年	差值
B06	低效率适度发展行业	1683.30	854.93	-828.37	C26	低效率限制发展行业	4453.48	3427.48	-1026.00
B07	中效率适度发展行业	905.69	1179.12	273.42	C27	低效率适度发展行业	2111.42	2676.50	565.08
B08	中效率适度发展行业	2384.07	659.60	-1724.48	C28	低效率适度发展行业	110.86	258.10	147.24
B09	低效率适度发展行业	0.00	21.15	21.15	C29	低效率适度发展行业	2041.27	1137.49	-903.77
B10	低效率适度发展行业	62.08	82.14	20.06	C30	低效率限制发展行业	2804.17	2324.13	-480.04
C13	中效率适度发展行业	3559.08	2273.68	-1285.40	C31	低效率限制发展行业	14736.68	15398.57	661.89
C14	低效率适度发展行业	2730.25	1404.22	-1326.03	C32	中效率优先发展行业	1480.10	1042.16	-437.93
C15	低效率适度发展行业	847.55	717.53	-130.02	C33	中效率适度发展行业	4420.42	3192.10	-1228.32
C16	高效率适度发展行业	228.49	234.51	6.01	C34	中效率适度发展行业	3087.30	1894.59	-1192.71
C17	低效率适度发展行业	1823.35	712.33	-1111.02	C35	中效率适度发展行业	3309.28	2126.64	-1182.64
C18	低效率适度发展行业	916.09	294.72	-621.37	C36	高效率适度发展行业	8476.64	8734.49	257.85
C19	高效率适度发展行业	1443.81	868.60	-575.21	C37	高效率优先发展行业	2133.64	1247.99	-885.64
C20	中效率适度发展行业	312.76	155.81	-156.96	C38	高效率适度发展行业	4020.61	2805.50	-1215.11
C21	中效率适度发展行业	487.84	288.97	-198.87	C39	高效率适度发展行业	5243.74	4672.64	-571.11
C22	低效率适度发展行业	793.88	607.01	-186.87	C40	高效率优先发展行业	443.15	461.22	18.07
C23	低效率适度发展行业	542.54	320.54	-222.00	D44	低效率限制发展行业	7694.14	8703.94	1009.80
C24	低效率适度发展行业	1011.86	442.90	-568.96	D45	低效率适度发展行业	712.37	1001.54	289.17
C25	中效率限制发展行业	3738.09	3987.80	249.71	总计	—	90750.00	76210.64	-14539.36

资料来源：《北京统计年鉴》《天津统计年鉴》《河北经济年鉴》。

根据资源环境约束下京津冀地区工业空间布局优化路径，对比2015年和2018年各城市工业行业产值占比率（见图7-4）。高效率优先发展区域中，北京市和天津市石油加工业、汽车制造业、电子信息制造、机械制造业和电力热力生产供应业等产业产值占比高。中效率适度发展区域中，石家庄市和保定市产值占比高的行业由纺织业、机械制造业和电力热力生产供应业等产业转变为化工行业、医药制造、非金属制造、金属冶炼机械制造业和电力热力生产供应业等。低效率适度发展区域的唐山市金属冶炼与制品业、非金属制造业、石油化工业以及电力热力生产供应业等行业产值占比高。高效率限制发展区域中，承德市、衡水市和秦皇岛市产值占比高的行业在金属冶炼业、非金属制造业和电力热力生产供应业的基础上增加了农副食品加工业。中效率限制发展区域中，张家口市、沧州市和廊坊市产值占比高的行业由化工行业、金属冶炼业、非金属制造业和电力热力生产供应业转变为化工行业、金属冶炼业、汽车制造业和电力热力生产供应业。低效率限制发展区域中，邯郸市和邢台市产值占比高的行业由农副食品加工业、纺织业、化工行业、金属冶炼业、非金属制造业、机械制造业和电力热力生产供应业转变为农副食品加工业、化工行业、非金属制造业、金属冶炼业、设备制造业、机械制造业和电力热力生产供应业。总结京津冀工业空间布局发展趋势，电力、热力生产和供应业作为基础的能源供应产业，其在各个城市都占有较高比重。石油化工、金属冶炼和非金属制造等传统的重化工业在京津冀各城市也占有相当高的比重。电子信息制造业等高新技术产业在京津高效率优先发展区域的发展势头明显。汽车制造、机械制造等高端制造业主要分布在高效率优先发展区域、中效率适度发展区域和中效率限制发展区域都有所发展。

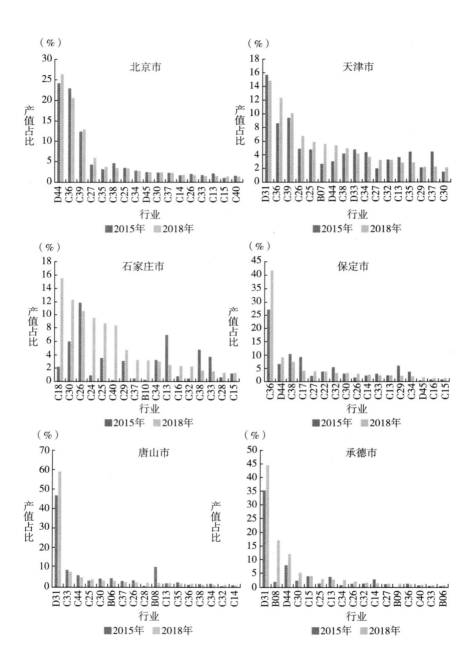

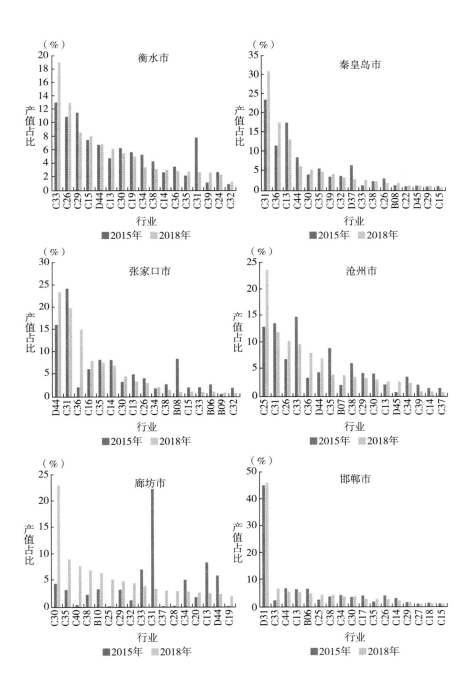

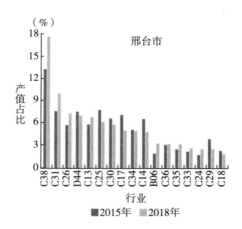

图 7-4 2015 年和 2018 年京津冀地区各城市工业行业产值前 9 位行业

资料来源：京津冀地区各城市统计年鉴。

第五节 本章小结

前文对京津冀地区工业行业和城市资源环境压力演化特征与影响因素进行了详细的分析。为提高京津冀地区工业资源环境效率，缓解资源环境压力；总结了资源环境约束下京津冀地区工业行业结构调整和空间布局优化路径。

根据工业资源环境熵和区域资源环境熵，将京津冀地区工业划分为优先、适度、限制 3 种行业类型。结果表明：优先发展行业占比降低，适度和限制发展行业占比提升，京津冀地区工业受到资源环境约束性增强。优先发展行业虽然在资源环境方面具有竞争优势，但仍需提高其在京津冀工业发展中的经济地位。从空间分布上，三类行业的空间分布由以京津为核心转变为京津石为核心的三角结构。

根据工业资源环境效率，将京津冀地区工业划分为高效率、中效率和低效率三种类型。结果表明：京津冀地区工业以低效率行业发展为主，中效率和高效率行业发展优势有待加强。空间分布上，高、中、低三类行业分布都由以京津为核心转变为以天津市和石家庄市为核心。京津两市高效率行业发展优势明显，邯郸市、张家口市、唐山市和承德市等资源型城市三类行业中低效率行业占比高，中高效率行业亟须发展。

根据资源环境熵和资源环境效率，京津冀地区工业结构调整分为：以先进装备制造业为主的高效率优先发展行业；以有色金属制造业为主的中效率优先发展行业；以烟草，皮革、皮毛，汽车制造，电器机械及电子信息制造业为主的高效率适度发展行业；以矿产采选，木材加工及制品，设备制造业为主的中效率适度发展行业；以矿产采选，食品制造，纺织服装，造纸业，医药制造及化工行业为主的低效率适度发展行业；以石油、煤炭加工业为主的中效率限制发展行业；以化学加工，非金属，金属制品和电力热力生产供应业为主的低效率限制发展行业。

根据工业结构调整和资源环境效率，京津冀地区工业空间布局优化为：以京津核心发展为主的高效率优先发展区域；以承德市、秦皇岛市和衡水市京津冀水源涵养区、战略性新兴产业引领区和冀中南农副产品供应区为主的高效率限制发展区域；以石家庄市和保定市京津冀南部"副中心"和京保石区域中心城市为主的中效率适度发展区域；以张家口市、沧州市、廊坊市京津冀生态涵养区、环渤海新型化工基地和环京津核心发展区为主的中效率限制发展区域；以唐山市环渤海新型工业化基地为主的低效率适度发展区域；以邯郸市、邢台市冀南地区工业基地为主的低效率限制发展区域。

第八章　研究结论与展望

　　本书在系统梳理国内外工业发展的资源环境压力相关研究成果的基础上，从工业化、资源环境、资源环境压力概念辨析出发，总结了工业发展的资源环境压力相关理论基础，工业发展关键因素对工业发展的资源环境压力的影响作用和工业化进程中的资源环境压力的阶段性演化规律。从地理学视角出发，按照评价—空间演化—作用—机制—应用的研究思路，构建中国工业发展的资源环境压力评价指标体系，分析大区—城市群—城市尺度上工业发展的资源环境压力空间演化；基于空间计量模型，辨析工业发展关键因素对中国工业发展的资源环境压力作用机制。以京津冀地区为例，测度京津冀地区工业发展的资源环境压力和资源环境效率，分析其空间演化特征和影响机制；基于资源环境熵和资源环境效率，提出资源环境约束下京津冀地区工业结构调整和空间布局优化路径和对策，对于丰富人地关系地域系统的理论认知，推动区域工业绿色发展和战略转型具有重要的理论和现实意义。

第一节　研究结论

　　（1）总结了国内外工业发展的资源环境压力研究进展，系统阐述了工业化进程中，规模经济、产业结构、工业集聚、技术创新、外商投资和环境规制等因素对工业发展的资源环境压力的影响作用和综合作用机制；分析了工业发展的资源环境压力阶段性演进规律，在比较长的时期内，工业发展的资源环境压力总体上呈现缓慢上升—快速上升—缓慢下降的 S 形和 U 形变化趋势。对应工业化前期、中期、后期和后工业化时期，工业发展的资源压力呈现缓慢增长—快速增长—平缓发展—缓慢下降的 S 形演化趋势，工业发展的环境压力呈现缓慢增长—快速增长—缓慢下降—快速下降的 U 形演化趋势。并验证了中国工业发展的资源压力和环境压力演变规律分别符合这种理论性的规律。

（2）2006—2019 年，中国工业发展的资源压力逐步上升。在区域尺度上，呈现"东部>东北>中部>西部"的空间格局；城市群尺度上，国家级城市群最高，地方性城市群最低。城市尺度上，工业发展的资源压力集聚程度增强，热点区域集中在长三角和珠三角城市群，热点范围扩大。中国工业发展的环境压力波动性下降；在区域尺度上，由"东部>东北>中部>西部"转变为"东部>中部>东北>西部"的空间格局；城市群尺度上，呈现国家级城市群最高，区域性城市群和地区性城市群交替的空间格局。城市尺度上，工业环境压力集聚程度波动性下降，热点地区向沿海转移。中国工业发展的环境压力时空演化比资源压力更为复杂，工业发展的资源压力还处于上升阶段，而环境压力开始由增长向降低转变。

（3）工业发展多要素共同作用合力的方向和大小决定了工业发展的资源环境压力的变化。2006—2019 年，工业生产效益、工业资产规模、工业集聚等规模型要素对工业发展的资源环境压力都产生明显的正向作用；环境规制对工业发展的资源压力产生正向作用，产业结构调整和工业开放水平对工业发展的资源压力产生负向作用，工业生产力水平对工业发展的资源压力作用不明显。环境规制和工业生产力水平对工业发展的资源压力产生负向作用，产业结构调整和工业开放水平对工业发展的环境压力的影响具有不确定性。

（4）1998—2012 年，京津冀地区工业发展的资源压力增加，能源行业、冶金行业资源压力大，电力、热力生产和供应业，黑色金属冶炼和压延加工业资源压力有所下降，石油、煤炭及其他燃料加工业，有色金属冶炼和压延加工业资源压力增大；京津冀地区工业发展的资源压力空间分布由"核心边缘"分布向轴带分布转变，工业发展的资源压力高值区扩张，以京津为中心向唐山和石家庄延伸形成轴带；京津冀地区工业行业资源压力空间演化格局差异性显著。京津冀地区工业发展的环境压力不断增大，纺织、造纸、化工行业环境压力基数大并有增加的趋势，冶金、能源行业环境压力大但是有减小趋势；京津冀地区工业发展的环境压力空间分布由"碎片化"向"整体性"演变，工业发展的环境压力高值区由以天津为中心转变为京保石和京津唐集中连片分布；京津冀地区工业行业环境压力空间演化格局差异性显著。京津冀地区工业资源环境效率不断提升，装备制造、电子信息制造业和烟草行业资源环境效率高并具有提升趋势；空间分布由"中心高四周低"向"北高南低"演化。

（5）1998—2012 年，京津冀地区工业发展的资源环境压力影响因素研究表明，重工业化、环境规制对工业发展的资源环境压力具有正向作用；工业技术创新对工业发展的资源环境压力和资源环境效率具有正向作用；工业所有制结构改革和工业外向水平对工业发展的资源环境压力具有负向作用；工业生产力水平对工业发展的资源环境效率具有正向作用；工业生产力水平、工业化水平和产业结构对工业发展的资源压力具有负向作用；工业生产力水平对工业发展的环境压力作用方向不一致。

（6）资源环境约束下，京津冀地区工业发展应以先进装备制造为主，提升传统产业绿色发展效率，优化京津核心发展区工业发展质量，河北省重化工业城市需要限制和淘汰落后工艺、技术产品，促进节能减排。从工业结构调整角度，未来京津冀地区应鼓励发展铁路、船舶、航空航天和其他运输设备制造业，仪器仪表制造业，有色金属制品业；适度发展烟草制品业、皮革皮毛制品业、汽车制造业、电器机械及电子信息制造业、矿产采选业、木材加工及制品业、设备制造业、食品制造业、纺织服装业、造纸业、医药制造业；限制发展石油、煤炭及其他燃料加工业，化学原料和化学制品制造业，非金属矿物制品业，黑色金属冶炼和压延加工业，电力、热力生产和供应业。从空间优化布局角度，京津冀地区应形成以京津为核心的高效率优先发展区域，以石家庄市、保定市和唐山市等区域中心城市为主的适度发展区域；以承德市、张家口市生态涵养区，秦皇岛市、沧州市环渤海新兴产业引领区和新型化工基地，廊坊市环京津和新发展区，衡水市冀中南农副产品供应区，邯郸市、邢台市冀南地区工业基地为主的限制发展区域。

第二节 缓解工业发展的资源环境压力的政策建议

新中国成立至今，中国工业化水平整体实现了从工业化初期到工业化后期的历史性飞跃，产业结构从重化工业主导转向技术密集型主导，经济增速由高速增长转向中速增长，中国经济发展结构整体的优化态势明显。但中国工业化进程在资源环境方面仍然存在不平衡不充分的情况。虽然倡导走资源环境友好型的新型工业化道路已提出多年，但是客观上中国工业发展造成的环境污染和资源紧张问题仍较为突出，发达地区资源环境压力集中，欠发达地区资源环境压力加速的现象突出。实现工业化动力由投资驱动向创新驱动转变，加强绿色制造业为先导推进可持续工业化，是实现资源利用率最高环境影响最小，获得经济效益、社会效益和生态效益协调发展的必由之路。根据本研究，可以从以下几个方面提出可行的政策建议以供参考。

第一，资源环境政策的长期可持续性，构建区域个性化资源环境治理体系。从第四章中国工业发展的资源环境压力测度和时空演化特征来看，中国工业发展的资源压力持续增加、环境压力波动性变化、资源环境压力空间差异明显的客观事实明显。因此，中国资源环境政策的制定、优化和实施是长期的过程，为保证工业发展的资源环境压力有效缓解，政府部门在制定资源环境政策时需要结合工业发展阶段，综合考虑经济目标实现和资源环境压力改善，并适时进行调整，保证资源环境政策的长期可持续性。工业发展的资源环境压力高的东部地区和国家级城市群需要进一步提升技术创新水平，实现由规模经济向质量经济转型，资源环境压力相对较低的中西部地区和地方性城市群要吸取东部地区和国家级城市群工业化道路中的资源环境经验教训，充分吸收高水平的技术扩散，避免出现工业发展过程中资源环境的过度消耗。

第二，建立区域联动的环境规制网络体系，优化区域资源利用和环境保护成本。有效的环境规制有利于抑制工业发展的资源环境压力增加，并具有明显的空间溢出效应。因此，需要在区域、城市群、城市层面上加快环境规制政策的制定和协调实施，通过构建区域联动的环境规制网络，科学配置区域环境规制成本，综合环境规制政策在"节能技术"和"减排技术"之间的协调发展，提升区域整体资源环境效益。

第三，坚持自主创新和技术引进并重，形成政府、企业、科研院所共同协作的创新合力。政府应加强高新技术产业扶持力度，鼓励高耗能企业积极引进和吸收国内外先进节能降耗技术；工业企业应加大技术资本的投入力度，建立节能降耗的绿色管理体系，开展绿色企业文化，提升品牌的绿色竞争力；科研机构应积极和政府、企业对接，优化人才培养和产出管理体系，形成技术研发和政策研究相结合的创新支撑平台，提高科技成果转化能力。

第四，坚持引进高质量投资，引导外商投资更多流向高新技术产业。地区政府要结合经济发展现状，提高环境规制门槛，促进信息技术、生物技术和新材料技术等资源环境友好型产业引进，鼓励外商投资企业联合当地企业开展研发合作，发挥外商投资企业的技术溢出效应，学习外资企业先进技术和管理经验，提高资源利用效率，减少污染产出。

第三节　研究展望

在京津冀地区基于城市和工业行业尺度的工业发展的资源环境压力研究中，本书主要研究数据来源于《中国工业企业数据库》和《中国工业企业污染源数据库》。目前，《中国工业企业数据库》更新至 2013 年，《中国工业企业污染源数据库》更新至 2012 年。因此，数据库匹配只能到 2012 年，没有对 2012 年以后京津冀地区工业发展的资源环境压力及其影响因素进行考察。京津冀协同发展以来，京津冀地区产业结构调整不断深化，工业发展的资源环境压力发生显著变化。随着数据更新以及环境污染实时监测数据的发布，可以在以后的研究中对研究结果进行更新和校正并加强相关追踪研究。

本书基于统计数据研究了大区—城市群—城市尺度工业发展的资源环境压力时空演化特征和影响机制，基于企业数据研究了京津冀地区城市和工业行业资源环境压力时空演化特征和影响机制，但是未关注工业企业资源环境压力的微观尺度研究，因此下一步开展的重点是加强污染密集型和资源密集型等典型行业的典型企业资源环境压力研究，从微观尺度上分析工业发展的资源环境压力的演变特征，探讨从政府政策、企业家行为、政企关系、公众资源环境意识等因素对工业发展的资源环境压力形成的作用机制，从而对工业发展的资源环境压力的形成过程和动力机制形成全面而清晰的理解。

参考文献

一 中文文献

曹文慧等：《江苏省不同类型工业企业土地集约利用与影响因素》，《地域研究与开发》2016年第3期。

陈东景：《环境经济综合核算的理论与实践》，黄河水利出版社2005年版。

陈子韬、孟凡蓉：《环境库兹涅茨曲线的模型构建》，《统计与决策》2020年第14期。

成艾华、赵凡：《基于偏离份额分析的中国区域间产业转移与污染转移的定量测度》，《中国人口·资源与环境》2018年第5期。

程磊磊、尹昌斌、米健：《无锡市工业SO_2污染变化的空间特征及影响因素的分解分析》，《中国人口·资源与环境》2008年第5期。

丛建辉等：《中小城市工业碳排放：核算方法与影响因素——以河南省济源市为例》，《资源科学》2013年第11期。

崔木花：《安徽省产业结构演变的生态环境效应》，《经济地理》2020年第8期。

地理信息系统名词审定委员会：《地理信息系统名词》（第二版），科学出版社2017年版。

刁贝娣等：《中国工业氮氧化物排放的时空分布特征及驱动因素分析》，《资源科学》2016年第9期。

丁俊、王开泳：《珠三角城市群工业生产空间的时空演化及驱动机制》，《地理研究》2018年第1期。

丁镭等：《1995—2012年中国突发性环境污染事件时空演化特征及影响因素》，《地理科学进展》2015年第6期。

方创琳：《中国城市化进程及资源环境保障报告》，科学出版社2009年版。

高菠阳、刘卫东、李铭：《工业地理学研究进展》，《经济地理》2010年第3期。

高爽、魏也华、陈雯：《发达地区制造业集聚和水污染的空间关联：以无锡市区为例》，《地理研究》2011年第5期。

郭晓艳：《北京市仪器仪表行业发展对策研究》，《科技经济导刊》2018年第22期。

国家环境保护总局规划与财务司：《环境统计概论》，中国环境学科出版社2001年版。

韩楠、于维洋：《中国工业废气排放的空间特征及其影响因素研究》，《地理科学》2016年第2期。

韩永辉、黄亮雄、王贤彬：《产业结构升级改善生态文明了吗——本地效应与区际影响》，《财贸经济》2015年第12期。

贺灿飞等：《城市可持续发展和企业的环境行为——对昆明市企业环境行为的分析》，《城市发展研究》2010年第7期。

胡志强、苗长虹、袁丰：《集聚空间组织型式对中国地市尺度工业 SO_2 排放的影响》，《地理学报》2019年第10期。

黄和平、李亚丽、王智鹏：《基于 Super-SBM 模型的中国省域城市工业用地生态效率时空演变及影响因素研究》，《生态学报》2020年第1期。

黄志基、贺灿飞：《微观尺度下政府企业关系对工业企业用地行为的影响研究》，《城市发展研究》2016年第7期。

贾绍凤、张杰：《变革中的中国水资源管理》，《中国人口·资源与环境》2011年第10期。

劳可夫、刘思华：《企业排污控制中地方政府激励缺失的经济学分析》，《学术论坛》2005年第7期。

雷沛等：《丹江口库区及上游 COD 和氨氮工业污染源解析》，《长江流域资源与环境》2014年第2期。

李博：《中国工业环境能源效率研究》，博士学位论文，兰州大学，2016年。

李红波等：《"苏南模式"下乡村工业用地的分布特征及形成机制——以常熟市为例》，《经济地理》2018年第1期。

李花等：《基于多尺度的中国城市工业污染时空分异及影响因素》，《地理研究》2019年第8期。

李善同等：《中国国内地方保护问题的调查与分析》，《经济研究》2004年第11期。

李小建：《经济地理学》，高等教育出版社2006年版。

李玉红：《中国工业污染的空间分布与治理研究》，《经济学家》，2018年第9期。

李长嘉等：《中国工业水环境COD、NH_4-N排放变化影响因素研究》，《北京师范大学学报》（自然科学版）2012年第5期。

刘红光、刘卫东：《中国工业燃烧能源导致碳排放的因素分解》，《地理科学进展》2009年第2期。

刘盛和、吴传钧、沈洪泉：《基于GIS的北京城市土地利用扩展模式》，《地理学报》2000年第4期。

刘耀彬、袁华锡、封亦代：《产业集聚减排效应的空间溢出与门槛特征》，《数理统计与管理》2018年第2期。

刘赢时、田银华、罗迎：《产业结构升级、能源效率与绿色全要素生产率》，《财经理论与实践》2018年第1期。

刘颖、周沂、贺灿飞：《污染企业迁移意愿的影响因素研究——以浙江省上虞市为例》，《经济地理》2014年第10期。

卢秋珍：《乡镇工业能源消耗及其对农村生态环境的影响》，《农村能源》1999年第2期。

吕萍、徐跃红、沈佳庆：《工业用地空间集散特征及其内在动因研究——以北京市为例》，《地域研究与开发》2008年第5期。

马丽、金凤君、刘毅：《中国经济与环境污染耦合度格局及工业结构解析》，《地理学报》2012年第10期。

马丽：《基于LMDI的中国工业污染排放变化影响因素分析》，《地理研究》2016年第10期。

平新乔：《政府保护的动机与效果——一个实证分析》，《财贸经济》2004 年第 5 期。

饶映雪、杨吉鑫：《行业分类下武汉市工业用地时空演变分析》，《长江流域资源与环境》2020 年第 7 期。

石敏俊等：《中国制造业产业结构演进的区域分异与环境效应》，《经济地理》2017 年第 10 期。

宋马林、王舒鸿：《环境规制、技术进步与经济增长》，《经济研究》2013 年第 3 期。

唐志鹏等：《中国工业废水达标排放的区域差异与收敛分析》，《地理研究》2011 年第 6 期。

田时中、张浩天、李雨晴：《税收竞争对中国环境污染的影响的实证检验》，《经济地理》2019 年第 7 期。

王菲等：《宁蒙沿黄地带产业结构的环境污染特征演变分析》，《资源科学》2014 年第 3 期。

王金南、杨金田：《中国排污收费标准体系的改革设计》，《环境科学研究》1998 年第 5 期。

王立平、任志安：《空间计量经济学研究综述》，《云南财贸学院学报》（社会科学版）2007 年第 4 期。

王梅、刘琼、曲福田：《工业土地利用与行业结构调整研究——基于昆山 1400 多家工业企业有效问卷的调查》，《中国人口·资源与环境》2005 年第 2 期。

王萍、陈静晨：《地方政府在企业排污监管中的责任探究——以太湖蓝藻事件为例》，《陕西农业科学》2014 年第 12 期。

王少剑、黄永源：《中国城市碳排放强度的空间溢出效应及驱动因素》，《地理学报》2019 年第 6 期。

王艳华等：《专业化、多样性与中国省域工业污染排放的关系》，《自然资源学报》2019 年第 3 期。

王妤、蔺雪芹、王岱：《经济增长与资源环境关系研究进展》，《技术经济与管理研究》2019 年第 9 期。

王铮、孙翊：《中国主体功能区协调发展与产业结构演化》，《地理科学》2013 年第 6 期。

文雯等：《基于行业分类的工业用地演变研究——以北京市为例》，《中国土地科学》2017 年第 11 期。

吴传钧：《人地关系地域系统的理论研究及调控》，《云南师范大学学报》（哲学社会科学版）2008 年第 2 期。

夏艳清：《我国工业能源消费及污染排放演变机理研究》，《软科学》2011 年第 10 期。

夏勇、钟茂初：《经济发展与环境污染脱钩理论及 EKC 假说的关系——兼论中国地级城市的脱钩划分》，《中国人口·资源与环境》2016 年第 10 期。

谢安国、陆钟武：《钢铁工业结构调整对能源消耗的影响》，《钢铁》1996 年第 11 期。

许骏、贺清云、朱政：《长株潭城市群工业用地的演变特征》，《经济地理》2018 年第 11 期。

许瑶瑶、籍艳丽：《工业能源消费结构时空分异特征及其影响因素研究》，《统计与咨询》2019 年第 4 期。

薛冰等：《区域生态环境演变与经济增长的耦合效应分析：以宁夏回族自治区为例》，《生态环境学报》2010 年第 5 期。

叶祥松、彭良燕：《我国环境规制的规制效率研究——基于 1999—2008 年我国省际面板数据》，《经济学家》2011 年第 6 期。

易娅娅、李倩、吴艳芳：《基于生命周期法的闭环供应链环境绩效评价研究初探》，《物流工程与管理》2012 年第 31 期。

尹庆民、朱康宁：《基于改进 STIRPAT 模型的城镇化水平对工业废水排放的影响——以长江经济带为例》，《水利经济》2020 年第 2 期。

袁玉玺等：《工业用地集约利用的差异化管理分区研究——以海南省沿海 12 个市县为例》，《地域研究与开发》2019 年第 2 期。

岳鸿飞、徐颖、周静：《中国工业绿色全要素生产率及技术创新贡献测评》，《上海经济研究》2018 年第 4 期。

岳立、赵海涛：《环境约束下的中国工业用水效率研究——基于中国 13 个典型工业省区 2003 年—2009 年数据》，《资源科学》2011年第 11 期。

张德英、张丽霞：《碳源排碳量估算办法研究进展》，《内蒙古林业科技》2005 年第 1 期。

张江雪等：《自主创新、技术引进与中国工业绿色增长——基于行业异质性的实证研究》，《科学学研究》2015 年第 2 期。

张坤民：《生态城市评估与指标体系》，化学工业出版社 2003年版。

张磊等：《三生互斥视角下工业用地空间布局优化——以天津市为例》，《地理与地理信息科学》2019 年第 3 期。

张丽华、叶炜、林善浪：《我国环境污染治理中的规模经济性研究》，《经济问题探索》2018 年第 9 期。

张琳、王亚辉：《微观企业视角下工业用地产出效率的影响因素研究——基于 2088 家工业企业样本的实证分析》，《华东经济管理》2014 年第 9 期。

张彦等：《基于灰色关联度的开发区典型企业集约用地评价》，《山东农业大学学报》（自然科学版）2016 年第 4 期。

张子龙等：《中国工业环境效率及其空间差异的收敛性》，《中国人口·资源与环境》2015 年第 2 期。

章恒全、陈卓然、张陈俊：《长江经济带工业水环境压力与经济增长脱钩努力研究》，《地域研究与开发》2019 年第 2 期。

赵小风等：《基于 RAGA-AHP 的工业行业土地集约利用评价：以江苏省为例》，《自然资源学报》2011 年第 8 期。

钟兴菊、龙少波：《环境影响的 IPAT 模型再认识》，《中国人口·资源与环境》2016 年第 3 期。

周迪、吴泽文：《中国工业碳减排潜力与路径研究》，《中国环境科学》2019 年第 3 期。

周黎安：《晋升博弈中政府官员的激励与合作——兼论我国地方保护主义和重复建设问题长期存在的原因》，《经济研究》2004 年第 6 期。

周林意、朱德米：《地方政府税收竞争、邻近效应与环境污染》，《中国人口·资源与环境》2018 年第 6 期。

周生贤：《三方面创新探索环保新道路》，《创新科技》2012年第12期。

周笑、王鹏飞：《中国工业发展的资源环境压力空间分异演化及影响因素》，《地理研究》2018年第8期。

周彦楠等：《中国能源消费结构地域分布的时空分异及影响因素》，《资源科学》2017年第12期。

周咏馨等：《不同经济发展水平工业用地投入的多维门槛效应——基于2004—2016年江浙两省地级市面板数据的实证分析》，《城市发展研究》2019年第12期。

宗刚、陈鸣、韩建飞：《交通运输设备制造业碳排放变动研究》，《统计研究》2014年第11期。

二 英文文献

Adams R, Stephen C, "Input-output structural decomposition analysis: A critical appraisal", *Economic Systems Research*, Vol. 8, No. 1, 2007.

Akita T, "Decomposing regional income inequality in China and Indonesia using two-stage nested Theil decomposition method", *The Annals of Regional Science*, Vol. 37, No. 1, 2003.

Ang B W and Choi K H, "Decomposition of aggregate energy and gas emission intensities for industry: A refined Divisia index method", *Fuel & Energy Abstracts*, Vol. 18, No. 3, 1997.

Ang B W and France N, "Is the energy intensity a less useful indicator than the carbon fact or in the study of climate change?" *Energy Policy*, Vol. 27, No. 15, 1999.

Asher W and Healy R, *Natural Resource Policymaking in Developing Countries*, Durham: Duke University Press, 1990.

Auffhammer M and Carson R, "Forecasting the Path of China's CO_2 Emissions Using Province-level Information", *Journal of Environmental Economics and Management*, Vol. 55, No. 3, 2008.

Bassetti T and Benos N and Karagiannis S, "CO_2 emissions and income dynamics: What does the global evidence tell us?" *Environmental & Resource Economics*, Vol. 54, No. 1, 2012.

Bernard Gilland, "Population, Economic Growth, and Energy Demand, 1985-2020", *Population and Development Review*, Vol. 14, No. 2, 1988.

Bruyn S and Opschoor J, "Economic rowth agnd emissions: Reconsidering the empirical basis of environmental Kuznets Curves", *Ecological Economics*, Vol. 25, No. 2, 1998.

Camarero M, et al., "Eco - Efficiency and Convergence in OECD Countries", *Environmental & Resource Economics*, Vol. 55, No. 1, 2013.

Carla Oliveira and Carlos Henggeler Antunes, "A multi - objective multi-sectoral economy-energy-environment model: Application to Portugal", *Energy*, Vol. 36, 2011.

Chaabane A and Ramudhin A and Paquet M, "Design of sustainable supply chain under the emission trading scheme", *Production Economics*, Vol. 135, No. 1, 2012.

Charnes A and Cooper W W and Rhodes E, "Measuring the efficiency of decision making units. European Journal of Operations Research", *European Journal of Operations Research*, Vol. 2, No. 6, 1978.

Chichilnisky G, "Global Environment and North-South Trade", *Papers*, 1993.

Effiong E L, "On the urbanization-pollution nexus in Africa: A semiparametric analysis", *Quality & Quantity*, Vol. 52, No. 1, 2018.

Ehrlich P R and Holdren J P, "Impact of population growth", *Science*, Vol. 171, No. 4, 1971.

Erik Louw and Erwin van der Krabben and Hans van Amsterdam, "The Spatial Productivity of Industrial Land", *Regional Studies*, Vol. 46, No. 1, 2012.

Fisher G R, "Economics and information theory", *Journal of the Royal Statistical Society*, Vol. 133, No. 3, 1970.

Frank A, "Urban air quality in larger conurbations in the European U-nion", *Environmental Modeling and Software*, Vol. 16, No. 4, 2001.

Fredriksson P G and Millimet D L, "Strategic interaction and the determination of environmental policy across U. S. States", *Journal of Urban Economics*, Vol. 51, No. 1, 2002.

Galeottia M and Lanza A, "Desperately seeking environmental Kuznets", *Environmental Modelling &Software*, Vol. 20, No. 11, 2005.

Gini and Corrado, "Measurement of inequality of income", *The Economic Journal*, Vol. 31, No. 1, 1921.

Grossman G M and Krueger A B, "Economic growth and the environment", *The Quarterly Journal of Economics*, Vol. 110, No. 2, 1995.

Gujarati D N and Porter D C, *Basic econometrics*, New York: Tata McGraw-Hill Education Pvt. Ltd, 2013.

Guo T and Xu Y and Wang Z, "The Analyses of metropolitan efficiencies and their changes in China based on DEA and Malmquist index models", *Acta Geographica Sinica*, Vol. 64, No. 4, 2009.

He C and Huang Z and Ye X, "Spatial heterogeneity of economic development and industrial pollution in urban China", *Stochastic Environmental Research Risk Assessment*, Vol. 28, No. 4, 2014.

He J K and Deng J and Su M S, "Emission from China's energy sector and strategy for its control", *Energy*, Vol. 35, No. 11, 2010.

Hospers G J, "Industrial heritage tourism and regional restructuring in the European union", *European Planning Studies*, Vol. 10, No. 3, 2002.

Howland M, "Planning for industry in a post-industrial world: Assessing industrial land in a suburban economy", *Journal of the American Planning Association*, Vol. 77, No. 1, 2010.

Huang Z and He C and Wei Y H D, "A comparative study of land efficiency of electronics firms located within and outside development zones in Shanghai", *Habitat International*, Vol. 56, 2016.

Hwang C L and Yoon K, *Multiple Attribute Decision Making: Methods and Application*, Berlin: Springer-Verlag, 1981.

Jes F, "Air pollution in the last 50 years-from local to global", *Atmospheric Environment*, Vol. 43, No. 1, 2009.

Jia S, et al., "Industrial Water Use Kuznets Curve: Evidence from Industrialized Countries and Implications for Developing Countries", *Journal of Water Resources Planning & Management*, Vol. 132, No. 3, 2006.

Kirkpatrick N, "Selecting a waste management option using a life cycle analysis approach", *Packaging Technology and Science*, Vol. 6, No. 3, 2006.

Krugman P, *Geography and Trade*, Cambridge, MA: MIT Press, 1991.

Kui Liu and Boqiang Lin, "Research on influencing factors of environmental pollution in China: A spatial econometric analysis", *Journal of Cleaner Production*, Vol. 206, No. 1, 2019.

Leigh N G and Hoelzel N Z, "Smart growth's blind side: Sustainable cities need productive urban industrial land", *Journal of the American Planning Association*, Vol. 78, No. 1, 2012.

Leontief W and Ford D, *Air pollution and the economic structure: empirical results of input-output computations*, North-Holland: North-Holland Publishing Company, 1972.

Linde P C V D, "Toward a new conception of the environment-competitiveness relationship", *Journal of Economic Perspectives*, Vol. 9, No. 4, 1995.

Lindmark M, "An EKC-pattern in historical perspective: Carbon dioxide emissions, technology, fuel prices and growth in Sweden (1870-1997)", *Ecological Economics*, Vol. 42, No. 1, 2002.

Liu S X and Zhu Y M and Du K Q, "The impact of industrial agglomeration on industrial pollutant emission: evidence from China under new normal", *Clean Technologies and Environmental Policy*, Vol. 19, No. 9, 2017.

M Carrasco, et al., "Assessment of urban and industrial contamination levels in the bay of Cádiz, SW Spain", *Marine Pollution Bulletin*, Vol. 46, No. 3, 2003.

Marie Caroline Vandermeer and Jean Marie Halleux, "Evaluation of the spatial and economic effectiveness of industrial land policies in northwest Europe", *Routledge*, Vol. 25, No. 8, 2017.

Martínez-Solanas, et al., "The geography of the alzheimer's disease mortality in Spain: Should we focus on industrial pollutants prevention?" *Healthcare*, Vol. 5, No. 4, 2017.

Mielnik O and Goldemberg J, "Communication The evolution of the 'carbonization index' in developing countries", *Energy Policy*, Vol. 27, No. 5, 1999.

Mousavi B, et al., "Driving forces of Iran's CO_2 emissions from energy consumption: An LMDI decomposition approach", *Applied Energy*, Vol. 206, No. 8, 2017.

Otsuka A and Goto M and Sueyoshi T, "Energy efficiency and agglomeration economies: The case of Japanese manufacturing industries", *Regional Science Policy & Practice*, Vol. 6, No. 2, 2014.

Pasche M, "Technical progress, structural change, and the environmental Kuznets curve", *Ecological Economics*, Vol. 42, No. 3, 2002.

Reinert K A and Roland-Holst D W, "Industrial Pollution Linkages in North America: A Linear Analysis", *Economic Systems Research*, Vol. 13, No. 2, 2001.

Reinhard S, et al., "Econometric estimation of technical and environmental efficiency: An application to dutch dairy farms", *American Journal of Agricultural Economics*, Vol. 81, No. 1, 1999.

Sangeetha S K andSivakumar V, "Long-term temporal and spatial analysis of SO_2 over Gauteng and Mpumalanga monitoring sites of South Africa", *Journal of Atmospheric & Solar - Terrestrial Physics*, Vol. 191, No. 12, 2019.

Scott A J， "Locational patterns and dynamics of industrial activity in the modern metropolis"， *Urban Study*， Vol. 19， No. 2， 1982.

Sehurr S H， *Energy， Economic Growth and the Environment*， Baltimore and London: Johns Hopkins University Press， 1972.

Sephton P and Mann J， "Compelling Evidence of an Environmental Kuznets Curve in the United Kingdom"， *Environmental and Resource Economics*， Vol. 64， No. 2， 2016.

Sovacool BK， "Contestation， contingency， and justice in the Nordic low−carbon energy transition"， *Energy Policy*， Vol. 102， No. 3， 2017.

Stern D and Common M S， "Is there an environmental Kuznets curve for sulfur?" *Journal of Environmental Economics and Management*， Vol. 41， No. 3， 2001.

Streimikiene D and Kasperowicz R， "Review of economic growth and energy consumption: A panel cointegration analysis for EU countries"， *Renewable and Sustainable Energy Reviews*， Vol. 59， 2016.

Stull W J， "Land zoning in urban economy"， *The American Economic Review*， Vol. 64， 1974.

Sun J W， "Changes in energy consumption and energy intensity: A complete decomposition mode"， *Energy Economics*， Vol. 20， No. 1，1998.

Sun J W， "The decrease of CO_2 emission intensity is decarbonization at national and global levels"， *Energy Policy*， Vol. 33， No. 8， 2005.

Tang B−S and Ho W K O， "Land−use planning and market adjustment under de−industrialization: Restructuring of industrial space in Hong Kong"， *Land Use Policy*， Vol. 43， 2015.

Thomas E and Ruediger P， "Competition in emissions standards and capital taxes with local pollution"， Regional Science and Urban Economics， Vol. 68， No. 1， 2018.

Tong C， "Review on environmental indicator research"， *Research on Environmental Science*， Vol. 13， No. 4， 2000.

Tsuzuki Y， "Relationships between pollutant discharge and water quality in the rivers from 'better' to 'worse' water quality", *Ecological Indicators*, Vol. 52, No. 5, 2015.

Verhoef E T and Nijkamp P, "Externalities in urban sustainability environmental versus localization type agglomeration externalities in a general spatial equilibrium model of a single-sector monocentric industrial city", *Ecological Economics*, Vol. 40, No. 2, 2002.

Walker R and Lewis R D, "Beyond the crabgrass frontier: Industry and the spread of North American cities, 1850-1950", *Journal of Historical Geography*, Vol. 27, No. 1, 2001.

Walsh B P and Cusack D O and O'Sullivan D, "An industrial water management value system framework development", *Sustainable Production and Consumption*, 2016.

Wang Y, et al., "Carbon emissions and optimal scale of China's manufacturing agglomeration under heterogeneous environmental regulation", *Journal of Cleaner Production*, Vol. 176, No. 3, 2018.

Wilson B and Trieu L H and Bowen B, "Energy efficiency trends in Australia", *Energy Policy*, Vol. 22, No. 4, 1994.

Wu C, et al., "Economic transition, spatial development and urban land use efficiency in the Yangtze River Delta, China", *Habitat International*, Vol. 63, No. 5, 2017.

Yu Y D, et al., "Decoupling environmental pressure from economic growth on city level: the case study of Chongqing in China", *Ecological Indicators*, Vol. 75, No. 4, 2017.

Zofio J L and Prieto A M, "Environmental efficiency and regulatory standards: The case of CO_2 emission from OECD industries", *Resource & Energy Economics*, Vol. 23, No. 1, 2001.